戰火下
我們依然
喝咖啡

烏克蘭人的抵抗故事

Opór.
Ukraińcy wobec
rosyjskiej inwazji

帕維爾·皮涅日克
Paweł Pieniążek———著

鄭凱庭———譯

本書與波蘭康拉德艾德諾基金會
（Konrad Adenauer Foundation）合作完成

KONRAD
ADENAUER
STIFTUNG

感謝波德合作基金會獎學金
（Foundation for German-Polish Cooperation）

FUNDACJA WSPÓŁPRACY
POLSKO-NIEMIECKIEJ
STIFTUNG
FÜR DEUTSCH-POLNISCHE
ZUSAMMENARBEIT

自幼以來，每當想到末日、災難或戰爭，我腦中僅有的想法是我缺乏「生存本能」，或者強烈的求生慾；尤其是最終只剩下自己時。

查蒂．史密斯（Zadie Smith）

人類身上值得欽佩的東西比令人鄙視的要多。

阿爾貝．卡繆（Albert Camus）

目次

第二章　韌性

第三章　希望

我們的任務是別死，而我們做到了

文／古碧玲（字耕農、《上下游副刊》總編輯）

因著每年的全球食物銀行網絡年會，二〇二三年三月，我出公差赴墨西哥城開會。其中一堂講座邀來甫於前一年十月成立的烏克蘭食物銀行聯合會董事主席Dmytro Shkrabatovskyi蒞臨，說明他們如何在整個烏克蘭收受和運送食品及個人衛生用品方面發揮關鍵作用。

從Shkrabatovskyi在現場播放的影片裡，烏克蘭食物銀行裡的所有工作人員發揮超高效率，以堆高機依序儲放一箱箱物資，劍及履及地運送到各地給劫後餘生的民眾，有些鏡頭裡還可見烏克蘭戰機在貨車頂上盤旋著。若非知道俄烏之間已陷入戰爭一年餘，且影片先對照呈現戰前與開戰後的烏克蘭各地兩樣樣貌——婦孺抹著淚水不止的臉頰、笑容從孩子們玫瑰色般的臉頰消失、無所不在的崩解圮垮建築，會以為他播放的是好市多之類的大賣場工作現場紀錄。

鍵盤敲著這篇文章的當下，俄烏間的鏖戰依然僵持著。

俄羅斯入侵烏克蘭以來，已有諸多著作書寫關於戰爭前線的報導或國際地緣政治的局勢分析；這回，戰地記者帕維爾．皮涅日克（Paweł Pieniążek）挪移自己關注的焦點，走訪烏克蘭幾座城市，包括第二大城市，也是該國重工業、文化、教育中心的哈爾科夫，想了解人們在戰爭期間如何重建日常生活。

他訪問哈爾科夫的藝術家哈姆雷特如此盛讚我城道：「在戰爭期間是座聖城。」二〇二三年十月，哈爾科夫遭到俄軍猛烈轟炸，使剛進入重建的城市再度遭劫難。起因於俄軍坦克被烏克蘭無人機攻擊，遂憤而三度轉襲哈爾科夫的平民；此前的二十四小時內，俄軍更轟炸烏克蘭多達七十九次。體無完膚、千瘡百孔、斷壁殘垣……已不足以形容烏克蘭所遭受的創傷。這場攻擊後的兩天，五十餘位民眾罹難的哈爾科夫境內的赫羅扎村放棄搜救，即刻著手重建。

在烽煙未止的戰地裡，平民老百姓該如何度過難熬的分分秒秒，拾掇起日常生活？正是戰地記者帕維爾．皮涅日克在這本書想著眼的重點。所有受訪的民眾雖不免要哀悼逝去的寧靜生活，最終仍得打起精神試著返回日常，像一位名喚博格丹的受訪者所說的：「我們的任務是別死，而我們做到了。」赫羅扎村被轟炸四十八小時之後，當地人迅速展開重建工作，正是這種態度；逝者已往矣，但如何在日升日落的每一天，戰勝那企圖毀滅他們的咒詛，「要是在這一切過去之後，我還能保有健康的心智，那麼我會感到非常驕傲，畢竟目睹這些可怕的事，還要與之共存，實在過於沉重。」在北頓涅茨克醫院擔起醫護責任的奧克薩娜說，「白天勇敢地撐著，但是當夜晚來臨，你卻忍不住淚水。」

本書書名：《戰火下我們依然喝咖啡：烏克蘭人的抵抗故事》，咖啡，曾經是全球貿易量僅次於原油的大宗物資；喝咖啡，於今人象徵日常的安步當車，也代表著曾經有過反抗不屈服的歷史。十八世紀，尚未從英國手中獨立的美國，為了強力杯葛英國課徵茶稅，於一七七三年爆發了波士頓茶黨事件，「自由之子」將英國運到美國的茶葉都扔到海裡。此一事件，催生了美國的獨立革命，開國元勛的約翰．亞當斯與眾多美國人紛紛抵制茶飲；獨立戰爭期間與其後，喝茶人數銳減，美國人如同「斷奶」般忍住茶癮，轉向以咖啡作為首選的熱飲。

在本書再三讀到人們聚集在咖啡館裡，儘管咖啡館的選擇明顯變少，僅能供應薯條、熱狗、雞塊等最基本餐食，但能夠聚首是互道平安互相支持，也是展現不願屈服於敵人狼子野心的信念。遭逢戰爭的巨慟，仍未阻絕烏克蘭人繼續反抗俄羅斯的意志。然而，作為倖存者，親眼目睹過那麼多傷者、屍首以及滿目瘡痍的建築物橫亙眼前，心性必然丕變。與其繼續啜飲所有逝去的苦杯，不如避免自憐和埋怨，起身振作，走出戰爭的陰影。

日常與平靜，當失去的時候，方知根本不是像呼吸吐納般那麼理所當然。書中受訪的三十八歲男子葉文正在歡慶生日，朋友們甚至準備了巧克力蛋糕、糖果，以及烈酒，他們置若罔聞院子旁的迫擊砲攻擊聲，葉文道出他最想要的禮物——平靜。

典出於《宋史》〈樂志十四〉的「日常月升」，意指「太陽永恆存在」，另一意則是平日、平時。那麼，戰時又怎能再拾日常？也許就是仰賴平日所做的點點滴滴，物質面必然無法回到戰前，平日的嗜好於水電瓦斯及網路俱斷、建築場域幾無完備之下，勢必得打折或另覓他途。如曾在國土防衛隊服役，因為營的人數過多，被解雇的奧勒，「發現做他擅長的事情——烹飪，能讓自己變得有用，而他也非常想做事，無法閒閒待在家裡。」

日常，是一種平靜中的生機，一種脈息正常跳動，也是被喜悅和歡樂敲門時，一種生生不息的脈動與迸發的能量。

曾經讀過ＢＢＣ的一則報導，在幾乎空寂無人的農業城鎮巴赫穆特（Bakhmut）北部的山坡上，世居當地的八十六歲安娜·伊萬諾娃說：「這不是我們的生活。沒有地方是安全的。我真希望我的生命結束了。」但老太太仍在她的花園裡，拄著一根拐杖彎下腰持續拔草，兩架烏克蘭戰機在空中呼嘯而過。十分鐘後，五聲或更多的轟鳴聲不斷地從燦爛的黃色向日葵地向西傳來。明知戰火延頂，老太太仍不放手整理花園。

烏克蘭政府持續打著反侵略膠著戰，留下來的民眾非萬不得已不肯撤退；他們讓孩子儘量留在父母的身邊，未重蹈一九四四年芬蘭與蘇聯的「繼續之戰」覆轍——進行了史上最大的兒童疏散行動之一，總共撤離了八萬兒童，多數送往瑞典，殘留長期創傷在下一代的心靈。孩童時期被撤離的芬蘭母親，日後所生的女兒因心理疾病就診的比例，兩倍於年幼時未被強迫與血親分離的母親所生的女兒。被佔領又搶回的烏克蘭國土的重建之路上，設法讓學校恢復運作，滿足受教權，幾乎是烏克蘭人的共識，雖說學校可能曾經是俄羅斯人關押過他們親友的「監獄」。

有時候，清晨起床，見一朵花開，若一道陽光融化積雪，梳開了心中的鬱結。餘後的晏冬，能靜坐片刻，看著孩子們在眼前玩耍，彷彿嗅聞到「春天的氣息」。捨不得一身簇新的紅色羽絨衣的女性，仍穿著被戰火蹂躪過的羽絨衣，另起爐灶，投入打理暫棲之處。孩子們渴求吃到冰淇淋、糖果、巧克力，像教平民如何在戰時存活下來的臺灣黑熊學院的小提醒——準備緊急物資時，別忘了「讓人心情愉快的小廢物」。

本書這一段特別打動我——當聽見孩子喊著：「奧爾哈阿姨！我們的奧爾哈！」這些聲

音劃破月台上陰鬱的氣氛。地板上鋪著有動物、樹與房子圖案的墊子，上面是積木、拼圖和汽車。一位衣服上有「Girls just wanna have fun」字樣的女孩疊著積木，不顧一旁橫衝直撞的男孩們，另一個女孩在劈腿。雙胞胎兄弟爭著扮鬼臉；大人們互相搭聊。感覺好像在自己家。——重點在於「好像在自己家」，人們把地鐵站當作自己的家，每個人都在照顧車站，把它當作共同的財產，「這裡有著家的氣氛」，因為人在哪裡，家就在哪裡。

「世界越是分崩離析，人們越是在自己的腦裡築起堅固的牆，假裝什麼也沒發生。就算周圍被無情的大砲夷為平地、那些真實的牆壁被破片打得扭曲，腦裡的牆也不會倒塌。」皮涅日克如此寫道，唯有腦袋裡的牆依然豎立，「日常」就有機會被維繫著，只是「日常」的定義變得更審慎，例如面對食物的態度：「確保沒有任何食物被浪費，若牛奶過多且開始發酸，他們就拿來做成奶渣或點心。」當奧爾哈發現昨天的黃瓜、豆子、馬鈴薯和水煮蛋太多，便回家做了美乃滋，廚房值班的婦女們用這些食材準備沙拉。「就算每個人只象徵性地拿到一小匙，至少也是種變化。」奧爾哈說。這些食材讓他們想起往日生活的味道，唯一的差別是將不再有分毫食材會被浪費掉。

身處在被《經濟學人》定義為「世界上最危險的地方」、地緣衝突一觸即發的臺灣，我們的日常是一種太習以為常的日常。閱讀這本書，推想關於俄烏戰爭的殘酷與毀滅性，我們是否已然麻痺，或認為事不關己？書中每一位受訪者都在重拾並珍惜日常之間，讓自己更加勇敢，逐漸重回被戰爭奪走的生活。即使他們用顫抖的聲音說：「我們有茶和麵包可以吃。總得活下去。」「這是我的國、我的家，我要在這裡待到最後。」女人堅定地說，「要是我們不幫忙前線的男孩們，前線就會來到平民面前。」

聯合國總部裡，有一幅由挪威藝術家佩克．羅格所繪的、概分為上下部的壁畫，底部是暗沉陰鬱的滿目瘡痍，彈孔和被棄置的武器；中央有條龍攀繞著梁柱上，噙著一把刺穿牠身體的長劍，兩旁有些蜷曲的人體，或在洞穴中，或從淵藪中爬出，有的還戴著腳鐐手銬，狀若行走於地獄間的殭屍。壁畫上部則是色彩明亮、井然有序的繁榮天地，洋溢著幸福強壯的人們，畫裡有名男子放下繩索試圖拯救在下部掙扎伸手求援的人；右側則有一位亞洲男子和西方女子俯身擁抱下方戴著桎梏的奴隸。畫中的光明世界訴說著和平、自由、幸福，由農夫、科學家、藝術家、建築師共同建造的美善世界；畫正中央還有一隻象徵浴火鳳凰的重生符碼。

這幅畫描繪著安理會的任務，努力追求世界的慈善、繁榮、重生以及和平。二戰即將結束的一九四五年，這張壁畫的願景眼看將要實現，卻在戰後歷經冷戰以及俄烏戰爭、以巴對峙，聯合國影響力遞減的當下，和平的世界似乎愈來愈遙不可及。

但我堅信只要戰地的人們從廢墟中挺身站起，突破被戰爭禁錮的枷鎖，重振日常生活，將是對侵略者說「不」的最堅不可催的力量，如哈爾科夫的藝術家哈姆雷特，在他的畫作之下寫道：「生命未曾如此精彩」。

序

只要看著尤莉亞（Julia）空洞又呆滯的雙眼，就知道一定發生了可怕的事。不斷有平民從烏克蘭東部的頓巴斯（Donbas）撤離出來，戰爭在此肆虐，已經持續了八年，現在的情況又更殘酷。

這區的火車只開到頓涅茨克州（Donetsk Oblast）的臨時首府，克拉馬托爾斯克（Kramatorsk）。在俄國入侵之前有十五萬人居住於此。三十四歲的尤莉亞是計算機科學講師，興趣是背包旅行，她想幫助突然被迫離開家園的人們。雖然在頓巴斯站出來投入志願活動的人不多，但整個烏克蘭社會幾乎都動了起來。眾多志願者協助分配食物與藥品、將人們帶離砲火地區、修理運來的汽車、為士兵或自己準備裝備。火車站裡面也有許多提供支援的人，鳥瞰克拉馬托爾斯克的火車站呈現大寫字母H，可以看到志願者在周圍負責指揮人流並維持秩序。儘管四月陽光和煦，但待在街上幾個小時還是會讓人冷到起雞皮疙瘩，多虧這些志願者，人們才能在綠色的帳篷裡享用熱食與飲料，保持暖和。

撤離的人有不少老弱婦孺。對老人來說相當艱辛，因為要前往克拉馬托爾斯克，要轉乘好幾趟車，跨越一百多公里。有些人要逃離被砲火襲擊的城鎮，卻在等待巴士的時候遭遇不幸。不過在克拉馬托爾斯克，可以說暫時脫離險境。

尤莉亞走向綠色帳篷，準備在火車站開始她第一天的工作。她一直都在幫忙，但人們不斷撤離，所以她也不會長久待在一個地方。因為前線正向克拉馬托爾斯克推進，政府好幾個星期前就已經呼籲非志願者，或非服務於重大基礎設施的人離開頓巴斯，以利軍隊作業；這座飽受砲火蹂躪的城市正迅速衰敗，變得荒蕪。尤莉亞想有所作為，所以不打算離開，因此她得加入當地的志願者，或是去基礎設施幫忙，否則自己留在那裡只會成為負擔。

其他志願者原本以為她想要插隊上月台，在交談後才知道她想幫忙，他們這才讓她過到月台。她走了幾步，手機突然震動，然而廉價智慧型手機在強光下什麼也看不清楚，於是她退到角落，直到牆壁遮住陽光才終於能讀簡訊。她在戰爭初期遇到的一位記者問她，撤離的巴士會從哪裡離開。尤莉亞的英文能力有限，花了幾分鐘才弄懂記者在問什麼，回答說她不知道。要不是這封簡訊，她大概已經踏進帳篷、套上了志願者穿的螢光背心。

震耳欲聾的爆炸聲突然響起。尤莉亞這時才親身體會到，原來飛彈落下的前一刻，是聽不見聲響的，她以為是有人在很近的地方開槍，可能在車站廣場的另一側。她跑向車站入口才意識到自己做了蠢事——她應該留在原地並趴在地上。兩顆近五百公斤的集束炸彈在車站上空分解[1]，散成子炸彈後造成大面積殺傷，而子炸彈不會同時爆炸，所以會讓人覺得地面好像裂開了。尤莉亞的眼角瞥見閃爍、煙霧、倒落地面的綠色帳篷，所有東西都被煙霧與塵埃抹成灰色。她不知道該怎麼辦，只能靠著雙腿下意識地往前走。她看到火車站玻璃門後的人群，知道自己進不去，旁邊有幾個人跪著躲在牆後面，她就過去一起雙膝跪地，彎下腰、低下頭。爆炸聲突然從另一頭響起，大概有破片飛來打到什麼，尤莉亞感覺灰泥撒在她背上。她很害怕，不知該如何保護自己。

爆炸停止後，充滿痛苦與折磨的尖叫聲起此彼落。入口前的停車場有輛車在燃燒，旁邊的車也接連起火，尤莉亞擔心車子會爆炸，因此趕緊跑離那裡。她在迷茫中衝向最近的避難處，轉過身時看到一名男子，揹著受傷的小女孩，尤莉亞問他是否需要幫助，他們就一起扛起小女孩，把她放上長椅。男子提起孩子的上衣，遍體鱗傷非常嚴重，脖子上卡著破片，但沒有流血，似乎沒有傷及動脈。尤莉亞看到警車，擋下它的去路，把警察帶過來，請求警察為女孩急救。

好像有什麼東西把尤莉亞推向車站，不過她不確定是什麼，或許是好奇？她想看看自己究竟經歷了什麼，以及可能發生的事。尖叫聲傳來，雖然她很想幫忙，卻沒有太多能做的事，當時她的背包裡有一卷彈性繃帶，只是煙霧散去後，眼前可怕的景象令她猝不及防。她沒想到這種爆炸不只會撕裂四肢，也能直接把身體炸成碎片。人肉、器官、頭骨碎片四散在車站周圍的行李箱、手提包、背包和娃娃之間。地上躺著屍體，有人臉上卡著破片。地上四處都是大片血跡，無法繞過，尤莉亞只能踩著血水走過去。

她無法幫助重傷者，還好已有醫護人員在處理，不過重傷的人比醫護人員還要多。驚魂未定的尤莉亞靠著腎上腺素，勉強攙扶一些還能行走的人離開車站。當尤莉亞快要走到其中一個避難所時，聽到有人從教堂大喊「來這裡」，因為教堂裡有個安全的地下室。尤莉亞前後帶了一位老太太與一位坐在輪椅上、雙腿流著血的男人過去。第三趟時，她看到長椅上有一位老太太。

「你能走路嗎？」尤莉亞問。

「我有條腿很痛。」長椅上的老太太回答。

「我看看。」

尤莉亞摸著老太太的腿，確認整條腿都在。當這位計算機科學家把手伸向腹部時，發現有塊她沒注意到的突起物。她稍微拉起老太太的上衣，才看見外露的腸子，顧不上內心的驚恐，她馬上向醫護人員求救。

尤莉亞再次走向車站，看見有個女人站在那，看起來驚魂未定，但還能走路。她周圍有很多包包，尤莉亞拿起她的行李，問她還有沒有同行的人。

「兒子，但死了。」烏克蘭婦人冷冷地回答。

尤莉亞說服她躲在教堂裡，因為危險尚未解除，可能會有更多飛彈掉下來。

她回到車站時幾乎已經沒人了，只剩下柳柏芙（Lyubov）貼在女兒的屍體上。孩子的臉少了一半，眼睛處插著破片。幾十公尺外躺著圓點U戰術飛彈的殘骸，上面寫著「為了孩子」——這屢次出現的口號說明此次空襲，是俄羅斯對烏克蘭的報復；因為烏克蘭控制的城市對不被承認的共和國進行砲擊。這次空襲造成六十一人死亡，其中有六名孩童，以及一百二十一人受傷。

尤莉亞不斷哀求倒在女兒血泊中的柳柏芙去教堂躲好，最後終於說服了她。尤莉亞拎著她的東西，而柳柏芙抱起貓。她沒有哭，也沒有表現出任何情緒，好似什麼也沒發生，不過走到一半，她突然停下。

「我有女兒的護照！」她叫了起來。

「我來幫你，要怎麼做？」尤莉亞問。

「護照可以認出她。」

尤莉亞承諾把她送出去後會繼續幫她，所以後來尤莉亞帶著護照回去。她知道屍體在哪，也知道看起來是什麼樣子，只是屍體已經不在，收屍團隊已經把她帶走了。尤利亞扶著柳柏芙，一邊走一邊找收留死者的地方。她和柳柏芙說了許多話，最後變得比較熟識，得知柳柏芙的另一個女兒在文尼察（Vinnytsia），是她勸母親撤離的。她們來自巴赫姆特（Bakhmut），那裡的局勢會在接下來的幾週內變得危險。後來警察告訴他們，屍體指認將在隔天進行，也告訴他們相關醫療機構的地址。尤利亞把柳柏芙送到教堂，留下自己的電話號碼，告訴柳柏芙隔天可以陪她去指認，要是地下室不舒服，也願意提供她住宿，若有任何需要幫助的地方都可以找她。

經歷了這一切，尤莉亞的情緒非常激動，要是這時遇到俄羅斯人，一定會馬上把他撕成碎片。直到回到家她的心情才平復下來。

父親和祖父都在家，母親因為承受不住接連的壓力，得知俄羅斯在基輔地區的罪行後，不久前收拾好行李，已從克拉馬托爾斯克離開。因為頒布禁酒令，尤莉亞一週前自己釀了啤酒，她應該讓酒再陳釀兩個星期的，但她不想等了。

「今天是我的生日。」她邊說邊打開瓶子，把酒遞給父親和祖父，告訴他們自己今天經歷了多麼可怕的事。

「你怎麼會這麼傻！」父親說。

幸好父親不知道她腦裡醞釀已久的計畫。二月二十四日，當俄羅斯對烏克蘭發動大規模攻擊時，她立刻致電徵兵處，想要加入國土防衛軍的行列。她當時得到的回應是：「我們會在需要你的時候回電。」但此後她沒有收到任何消息。在克拉馬托爾斯克受到襲擊之後，她決定再試一次，這次她沒有打電話，而是直接到徵兵處申請入伍。雖然她想入伍的理由很老套——她想在祖國需要的時候幫上忙，但這同時也讓她有理由繼續留在家園。

尤莉亞不是唯一決心入伍的人，自願入伍的人日漸增多。根據二〇二二年八月的民調顯示，有兩成的受訪者表示自己在軍警部門服役過；近四成的受訪者參與志願活動；分別有百分之八十一與百分之六十的人捐款給軍隊和人道援助。[2]正是因為民眾參與和出力，才會讓世上最大的軍隊之一陷入困境，使其未能達成預期的目標。

二〇二二年二月，俄羅斯對烏克蘭發動攻擊，這在現代史上具有重大的意義，不只因為這是歐陸在二戰後的首次武裝衝突，將改變現有的國際秩序，而且造成的衝擊不可逆轉，也因為這是現代史上，受攻擊的社會總體參與度最高的一次。

烏克蘭人不僅大規模自願上前線，也普遍參與公民抵抗。他們為士兵及平民募款、組織援助，為了保衛自己的城鎮建造路障、準備汽油彈、焊製反坦克拒馬；或只是帶些茶點去軍事崗哨。他們盡己所能參與其中，有些人做偉大的事，有些人做小事，每個人都很重要。起身抵抗需要勇氣。志願者會進入砲火區送餐點、藥物或必要裝備。即使是沒有熊心豹膽的人，也在遠處幫忙；送來一車車的必需品，讓志願者去戰場上分發。其他人持續工作，以提供資金給平民和軍隊。

烏克蘭人好似已經內化了提摩希・史奈德（Timothy Snyder）《暴政》（*On Tyranny*）一書中的第十二條規則：

「盡可能地勇敢」：

> 若我們之中無人準備為自由而死，所有人都會死於暴政。[3]

在攻擊最初的幾個小時裡，情況很糟，甚至是絕望的，但烏克蘭人沒有打算投降。抵抗與對勝利的信念前所未有地團結起這個國家。無論烏克蘭最終要付出多高的代價，烏克蘭人都不再是過去的烏克蘭人。

這本書是我二〇二二年一月到九月在烏克蘭的工作成果。當時我為《全面週刊》（*Tygodnik Powszechny*）撰寫報導，因此週刊讀者會在本書讀到一些先前的文章，不過有些部分重寫。

第一章　撕裂

前一天

最近幾週，卡特琳娜・佩雷維熱瓦（Kateryna Pereverzeva）不放過參加任何派對的機會。四個月前戰爭的恐懼開始蔓延，傳言中肯定會發動侵略的日期雖然已經過去，但所有人都漸漸學會生活在無止盡的威脅感中。沒有確切的侵略發動日期最令人疲憊，因為每天都得做好心理準備，假設隔天就會發生戰爭——至少卡特琳娜是這麼認為，也因此，她把每次出門都當作是種義務，以免錯過「最後一次」。最積極的人學習如何在城裡度過戰鬥期，他們參加戰術救護速成班、儲備物資並準備撤離背包。儘管街道上除了愛國海報、貼紙，以及藍黃兩色的符號增加外，沒有太大的變化，不過緊張的粒子好似浮在空氣中，到處都能感受到它的存在。八年前，俄羅斯第一次侵略烏克蘭的領土時，每個人都在談論戰爭。那時有兩派人，一派認為戰爭無可避免，另一派情緒迅速平復的人則相信什麼也不會發生。卡特琳娜屬於前者。

那天她穿著寬鬆的紫色大衣，背上隨意掛著背包，短髮下藏著二十七歲女孩銳利的雙眼，卡特琳娜在眼睛下方的部位刺了水滴刺青。晚上她和朋友去爵士音樂會一起聽惆悵的音樂，當樂聲停止，街上只有路燈的光芒時，他們啟程回家。住在附近的友人提議再去她那續攤，不過卡特琳娜累了，其他人也是如此，所以起初大家都打算回家，直到最後有個朋友開口：「要是明天戰爭就開打了呢？我們還是去吧！」他們度過了愉快的時光；有人彈吉他，有人隨意坐在沙發上，其他人則聊得很盡興。

卡特琳娜約莫兩點時與朋友擁抱道別，騎著電動滑板車回家。她的小白狗艾拉在家裡癡癡等著她。女孩聽了總統弗拉基米爾・澤倫斯基（Volodymyr Zelenskyy）在她到家前不久發表的演說；三年前這位沒有任何政治經驗的喜劇演員，在烏克蘭人眼前成了政治家。這場演說不僅是給烏克蘭人的演說，也是對俄羅斯人的演說：

今天我發起了與俄羅斯聯邦總統的對話。卻沒有得到任何回應，只有一片靜默。靜默該出現的地方，應該是頓巴斯。因此，我想對所有俄羅斯公民呼籲，不是以總統的身分，而是以烏克蘭公民的身分。我們之間有兩千多公里的邊界。現在你們的部隊，約有二十萬士兵、數以千計的戰車正站在那裡。你們的領導人已准許他們向前邁入另一個國家的領土。這一步可能會成為歐洲大陸戰爭的開端。全世界會在一夜之間開始議論。開戰的理由隨時可能出現，任何挑釁、火花，都可能燒毀一切。

他們告訴你們，這烈火將為烏克蘭人民帶來自由，但烏克蘭人民本來就是自由的。他們記得自己的過去，正在建立自己的未來。是建立，而不是毀滅。[4]

雖然總統一直保證什麼也不會發生，但他看起來快哭了。不知為何，澤倫斯基的夜間演說安撫了卡特琳娜，因此她心想：「不會有戰爭的。」她該睡了，但決定再看一下推特；然而如果想平靜下來，這是最不該看的東西。她的朋友寫說他不想製造恐慌，但是從別爾哥羅德（Belgorod）方向來的交通量在增加。「媽的！小題大作！」卡特琳娜心想，接著便抱著狗睡去。

床頭櫃裡放著精神藥物，卡特琳娜已經服用了一陣子。自從烏克蘭再次受到俄羅斯的威脅，恐懼總是揮之不去。她忍受不了這種緊張氣氛，也不想再次經歷這些事。

八年前戰爭在她眼前上演時，她很平靜。那時她住在有百萬人口的頓涅茨克，是頓涅茨克州的首府和頓巴斯的歷史地區。當時治理國家的腐敗分子在這座城市投入許多資金，可以看到寬闊整齊的街道，以及公園內整齊種植的樹木。為歐洲杯足球賽建造的頓巴斯體育場開幕時，甚至邀請到碧昂絲（Beyoncé）獻唱；這裡也蓋了一座國際機場。

這批人從這些投資中獲取巨額收入，腐敗幾乎成為蔓延全烏克蘭的慢性疾病，嚴重到令人難以置信。維克多．亞努科維奇（Viktor Yanukovich）總統與其親信的財富如氣球般膨脹。位在基輔郊區的梅日希里亞（Mezhyhirya）總統官邸正是一個例子。佔地一百四十公頃，這棟建築物富麗堂皇，收藏了許多藝術品，讓人不禁有所聯想。總統官邸裡頭有私人動物園，自栽的蔬果、農場、封閉水循環系統、船餐廳、豪宅，以及用以擊落記者無人機的大砲。當亞努科維奇建造自己夢想中的宮殿時，烏克蘭人僅能勉強糊口。

二〇一三年底，最後一根稻草倒下，基輔街頭出現第一批抗議民眾。他們選擇聚集在基輔中央的獨立廣場（Maidán Nezalézhnosti），這裡是蘇聯時期終結之前掀起花崗岩革命的地方[5]，也是二十一世紀初橙色革命的據點。*

總統不久前改變主意，決定不和歐盟簽署協定，人們因此在獨立廣場聚集。然而政府開

* 花崗岩革命：一九九〇年在基輔發生的學生抗議活動，訴求包括要求蘇聯部長會議主席下台、拒絕簽署《新聯盟條約》等。橙色革命：烏克蘭二〇〇四年總統大選時，因貪污、選舉舞弊等事件，爆發大規模抗議。

始採用暴力鎮壓示威民眾，導致抗爭全面爆發，成千上萬人走上基輔街頭遊行，要求總統與其親信下台。民眾走出家門的原因不只是貧窮，還因失去尊嚴以及歐盟所象徵的「更好的未來」。警棍、不斷升級的暴力以及槍響導致獨立廣場成了「生死攸關的問題」；它的失敗意謂著腐敗與後蘇聯式的生活，烏克蘭將成為俄羅斯永遠的衛星。

卡特琳娜懷疑地看著獨立廣場。她覺得這就如俄羅斯的宣傳，只是收了錢的人和來自西方的干涉。「他們為何不待在家？」她問自己。基本上她就是在重溫她在家聽到的東西。她出生於俄羅斯一個混合家庭，小時候她的烏克蘭母親為逃離殘暴的丈夫，帶著她到頓涅茨克，但這不代表她改變了想法。她相信俄羅斯這個兄弟國，也相信烏克蘭最好活在較大的鄰國擁抱下。

在被俄羅斯化的頓涅茨克，卡特琳娜周圍沒有親烏分子。大家都說俄文，要不向俄羅斯看齊，要不就不碰政治；要是俄羅斯沒有插手，大概會這樣一直下去。

最後幾天，獨立廣場爆發流血衝突，場面混亂，原因時至今日仍未明朗。激烈衝突的第三天，警察撤往政府機關區，而示威者轉為進攻。警察那時開火了，僅這天就有超過五十人死亡。憤怒的民眾聚集在街頭，反抗者不僅想讓政府倒台，也受夠裝模作樣試圖和政府交涉的反對派政客。反抗者開始為下一波攻擊做準備，但最後攻擊並沒有發生，因為政府機關區突然變得冷清，警察與封鎖線消失，總統府以及其他政府大樓都敞開大門。亞努科維奇和他的小嘍囉都逃到俄羅斯去了。

示威者開始慶祝勝利之前，莫斯科已在烏克蘭南部開始行動，最後導致克里米亞（Crimea）被併吞。莫斯科派遣秘密軍隊到克里米亞，冒充當地志願者，保衛居民不被——正如俄羅斯宣傳的獨立廣場事件人士——暴徒和法西斯分子侵害。克里姆林宮對俄羅斯公民與講俄文者（即克里米亞的絕大多數人）受到壓迫表示擔憂，宣稱他們會受到不人道的對待。莫斯科也在烏克蘭東邊的城市，如哈爾科夫（Kharkiv）、盧甘斯克（Luhansk）、頓涅茨克等地放消息說會解放他們。起初，這些城市的街頭出現小規模的抗議，然而隨著時間過去，他們對規模也不大的親烏示威團體來說越來越有攻擊性。

卡特琳娜腦中的紅燈在這時亮起。她突然意識到這一切都是謊言，她是前俄國人，說著俄文，生活在一個俄羅斯的聲音比基輔政權還強的城市，但現實是她在頓涅茨克，而且其他烏克蘭城市也即將面臨威脅。當俄羅斯士兵準備佔領克里米亞時，卡特琳娜為表示抗議開始改說烏克蘭語，直至今日。

開到頓涅茨克的巴士坐滿了人，誰是乘客？這不難猜，因為這些人問哪裡能換盧布。正是這些人壯大了親俄陣營。有些當地人也參與其中，例如，卡特琳娜的大學同學在列寧像下守著，因為他害怕暴徒會把雕像推倒，並殺害說俄語的人。

對她以及許多頓涅茨克居民來說，這簡直就是個令人笑不出來的笑話。當地警察沒有特別壓制憤怒的人群，他們數次佔領州行政大樓，喊著：「俄羅斯！」並掛起三色國旗。過了一陣子執法人員才把他們趕走，撤下大樓上的鄰國國旗。頓涅茨克大多數人常帶著憐憫的微笑看待親俄支持者，但通常是冷漠的，因為這看起來像是有人在搞自己的國家。

有一次，卡特琳娜的男友問她，「他」與「革命」她會選哪一個，她選了後者。她站在烏克蘭那方，走上了街頭。克里米亞被入侵讓她深感頓涅茨克在劫難逃，所以她想保衛頓涅茨克；她感覺自己與站上街頭的幾千人有能力做到這點。她因此打入頓涅茨克親烏派的圈子，很快就跟他們混熟。她和烏克蘭人去聽音樂會、一起唱鼓舞人心的歌曲，像是白俄羅斯樂團拉皮斯特魯別茨克伊（Lyapis Trubetskoy）的〈光明戰士〉（*Wojownicy światła*）。

大家都確信俄羅斯不會來頓涅茨克。

然而不安感卻逐漸增加。卡特琳娜每天早上都會讀新聞，確認自己是在分離主義共和國醒來，還是在烏克蘭；這全取決於是誰控制城市，誰的旗幟飄揚，誰在街上感到更踏實。

儘管分離主義分子實行公投，並宣布成立連俄羅斯當時都不承認的共和國，卡特琳娜和她大部分的友人都沒有理會。不論是在克里米亞還是在頓涅茨克，他們都沒有理由參與其中，因為這與公投根本無關。

卡特琳娜沒注意到從何時開始，新秩序的支持者不再攜帶棍棒，而是開始配戴槍枝；也沒意識到宵禁時，城裡唯一的聲音是成串的槍響。那時，她和朋友一起去卡利米烏斯河（Kalmius）邊，有人彈吉他、有人唱歌，然後一起躺在地上看清澈的星空，而遠處的武裝分子正將彈匣一個個清空。

一個朋友將搬家的話題偷渡進他們的討論，但是他們想以後真要發生了什麼嚴重的事再搬；還不是現在。

這一刻在總統大選結束後的一天來臨，不過頓涅茨克並未舉行選舉，因為那時佩帶武器的武裝分子已在城中遊走，恐嚇選舉委員會的成員，基輔當時沒能確保安全。當時爭奪機場（二〇一二年歐洲杯足球賽時所建）的戰鬥爆發，武裝分子和俄羅斯人闖入該區，而烏軍派出直升機投彈轟炸。持續超過一天的激烈衝突後，機場由烏克蘭空軍控制。戰鬥的聲音傳遍城市，讓頓涅茨克先嚐了未來幾個月的生活，也預示著無端掀起的戰爭將帶走數千人的性命。

當時卡特琳娜坐在咖啡廳，等附近的影印店印出她展覽要用的照片。她打電話給一個朋友，對方被機場發生的事嚇壞了。

「來我這，我們一起待在咖啡廳裡。」她安撫朋友。

「你他媽的在說什麼？」電話那頭如此回應。

「……」

「戰爭開打了。」

「欸，你冷靜，每天都是戰爭的開始，不知道多久以前就是這樣了。」

對方掛斷電話。

那時卡特琳娜決定離開，而母親一開始不想聽到這件事，最後開玩笑帶過：「要是上帝存在，就讓祂指引吧！」雖然他們的街區此時一片平靜，但第二天早晨喚醒她們的卻是窗外的槍聲。她們在地上躺了兩個小時，等待槍戰過去，而這也成為讓母親離開頓涅茨克的訊號。

卡特琳娜、大她一歲的哥哥和母親帶著寵物天竺鼠，搭上火車去了隔壁的第聶伯羅彼得羅夫斯克州（Dnipropetrovska oblast）。[6] 一如多數離開家園的人，他們離開時也相信戰鬥會平息，很快就能回頓涅茨克。

卡特琳娜沒在第聶伯羅彼得羅夫斯克待太久，因為她無法再忍受母親，母親一直責備，就是因為有像她這種想要革命的人，才會害他們失去家園。卡特琳娜與多數頓涅茨克的朋友一樣，去了基輔。她的舊生活裡，唯一留下的只剩下她認識的人，雖然首都不是她最喜歡的城市，她還是想跟著他們的腳步去基輔，因為要是沒有朋友，她就無法應付自己，會讓自己陷入焦慮與沮喪。

她在基輔待了一年，這一年裡她過得渾渾噩噩。她在城裡游走，和熟人保持聯絡，但基本上跟基輔人沒有交集。她沒有告訴任何人戰爭的事，不提細節，甚至常常不說自己來自頓涅茨克。若有人問起她的經歷，她便微笑著說，離開是對的，家人都安全，也沒什麼理由回去。她沒有談論她的痛苦，畢竟有什麼好講的？朋友們對此也都保持沉默。

她不僅對別人沉默，也對自己沉默，彷彿有人把她的大腦格式化，與頓涅茨克有關的一切都從她的記憶裡消失。她不記得房子和後院長什麼樣子了，不過，回憶時不時浮現，她會在夜裡醒來，想著她浴室裡的磁磚是什麼樣子。

漫長的七年裡，她從零開始建立新生活，定居在第二個家，直到內心穩定下來，她才找到力量來面對過去以及她失去的東西。當前線、哨所與武裝人員將卡特琳娜與頓涅茨克分開，記憶也逐漸淡去，她無法造訪她以前的學校、初吻發生的地方；無法走過不需思考的熟悉道路。這八年裡，她只有兩次鼓起勇氣打開谷歌街景地圖，回想她的家、去學校的路，以及度過許多時光的河岸。

城市依舊存在，但對卡特琳娜來說卻已死去，僅像個裝飾品。若她想，她可以去其中一個烏克蘭控制的村莊，從小丘或是高樓上看看頓涅茨克，然而要走在那街道上已經不可能了。一切已成往事。

住在基輔使她感到疲累。座落於廣闊的第聶伯河沿岸，這三百萬人口的首都對她來說太大了。這座城市位在丘陵上，因此時常會覺得在走上坡，與幾乎是平坦的頓涅茨克截然不同。幾個月過去，她沒有更親近基輔。在這裡唯一的好處是從事新聞工作，她開始寫文章、加強攝影知識。

有一次，來自頓涅茨克的友人提議一起去哈爾科夫聽演唱會，她最喜歡的星期五樂團（5'nizza）就來自那裡，這個樂團結合了雷鬼，饒舌和放克，在休團數年後復團。雖然卡特琳娜去過幾次哈爾科夫，但到這時她才想通，意識到她想住在那裡。還住在頓涅茨克時，每次造訪哈爾科夫，她都能感受到那城市的魅力，之前，她的朋友還開玩笑說她有兩種狀態：身在哈爾科夫，或是夢到自己在那。

這座城市的大小很完美——大，但不會大過頭。每次她身在哈爾科夫都覺得平靜又舒服。哈爾科夫的音樂——如星期五樂團或捷樂團（Orkiestra Cze）的音樂——最對她的味。雖然這座城市受俄羅斯的影響很深，二〇一四年時險些與頓涅茨克和盧甘斯克落入相同命運，但幾十年來這裡同時也是烏克蘭文化的重要中心，今日，哈爾科夫的音樂、戲劇、文學、視覺藝術也在烏克蘭脫穎而出。一個城市令她不開心，一個城市讓她感覺很好，做選擇似乎不難。自從她被迫離開頓涅茨克起，重新開始就變得容易許多，因此，不久後她再次收拾所有家當，出發前往哈爾科夫。

既然這座城市的文化如此活躍，她確信這裡也有許多媒體在寫相關的文章，所以她打算在最棒的地方找份工作。某天她在酒吧認識了專門報導文學的記者，他因為太喜歡哈爾科夫而從烏克蘭西部搬過去。她問他哪一家寫文化的媒體比較容易拿到工作，而他回答，哈爾科夫沒有這種東西。微醺的兩人便有了想法——他們要創立一個媒體，而這個媒體就這樣營運到現在。[7]

卡特琳娜非常關心哈爾科夫這座城市，最好的行動證明就是，在搬去不久後，她不止決定要在那定居，還決定要改變它。她想要整個國家，至少首先哈爾科夫的居民要知道這是個獨特的地方。她談論哈爾科夫的文化、藝術環境、建築，以及政府未盡的事宜，也談論城市規劃，行人空間、公園，以及如何應對絡繹不絕的車流。她支持面臨極右翼暴力的ＬＧＢＴ＋社群，也幫忙舉辦第一場平權遊行；她相信這座城市會對多樣性張開雙臂，因為她想永遠留在哈爾科夫。

由於多年前的經驗，她知道「沒有戰爭」是不可能的。戰爭就在頓涅茨克發生了，而現在許多烏克蘭人也承認，他們有時會忘記那已持續了八年。卡特琳娜在學校的時候，課程有時候由參與過蘇聯武裝衝突的退伍軍人來講授，她記得那些頭髮灰白的爺爺奶奶，談論戰爭這種不真實且過時的話題。下一場烏俄戰爭的威脅正在上升，來自哈爾科夫的朋友們問卡特琳娜：「小卡，告訴我們，戰爭是怎麼開始的？」

經驗告訴她，戰爭在不知不覺中潛入生活，在知道的那一刻為時已晚。不是每個人都會被槍砲打到，但總是會有人遇上。八年前，她的朋友玩電腦時砲彈就打穿他公寓的牆，她也看過朋友被俘後那張被打爛的臉和傷痕累累的身體；她還擁抱過那些親人沒被放出來的人。

有太多言論在說什麼也不會發生，但卡特琳娜活在「新衝突即將到來」的信念中。俄羅斯在烏克蘭邊境活動的消息不斷轟炸她，烏克蘭媒體有時每十幾分鐘就會報出另一則駭人的消息：

武器從加拿大抵達烏克蘭
頓巴斯戰爭：二十四小時內近百次砲擊
美國總統：普丁打壓烏克蘭的存在權
外交部建議烏克蘭人立即離開俄羅斯
在烏克蘭邊境地區實施額外管制
國會一讀通過武器准入法案
國家安全與國防委員會提議全國進入緊急狀態
烏克蘭可動員三萬六千後備役軍人
俄羅斯將可海上攻擊的艦隊派至烏克蘭
市長維塔利克利欽科就基輔緊急狀態做說明
「馬里烏波爾是烏克蘭，我們不需要解放」馬里烏波爾居民上街集會
俄羅斯開始撤離在烏外交官
澤倫斯基：只有我和烏克蘭國軍知道我軍的防守動向
烏克蘭人一天內提領兩千萬荷林夫納，比二〇二一整年要多
政府網站不開放，數字化轉型部表示發生大規模 DDOS 攻擊。

澤倫斯基在等待俄羅斯的安全保證

佔領者在頓涅茨克轟炸幼稚園與民宅，一女子受傷

外交部長德米特羅庫列巴表示，俄羅斯若攻擊烏克蘭將終結當前世界秩序

俄羅斯承認頓涅茨克和盧甘斯克獨立，歐盟批准另一波制裁

國會額外撥出二十三億荷林夫納予國防安全

美國情報局表示俄羅斯近期會發動攻擊

國會宣布進入緊急狀態

頓涅茨克和盧甘斯克分離區軍閥尋求普丁幫忙對抗基輔

俄羅斯人開始撤離克里米亞行政邊界[8]

這些新聞令卡特琳娜情緒緊繃，不想接受她可能會再次失去一切。她通常在夜裡哭泣，但現在在街上、舞蹈課、計程車或咖啡廳裡，也會突然抑制不住情緒。最糟的時刻是媒體報導俄羅斯計畫在二月十六日進攻，她聽到時整個人都垮了。她整天躺在床上一直哭，「完了」這個念頭在她腦裡無限循環播放，她覺得好像被判了死刑，而行刑日就在隔天。除了自媒體，卡特琳娜還在行銷公司上班，幫公司寫文案與做圖。老闆一開始接手部分她的客戶，但看她

無法工作，就讓她休假。

這種消息越多，她越能感受到自己有多愛那些建築、街道以及有家的感覺的地方；其中之一是帕庫芙達（Pakufuda）咖啡館。

帕庫芙達位在哈爾科夫最宏偉的建築，也是作為門面的工業宮（Derzhprom）後方。這座建築具建構主義風格，擁有蜿蜒的走廊和不明顯的形狀，建於二十世紀末，那時哈爾科夫成為烏克蘭蘇維埃共和國的首都，新的政府與官員需要空間。這也是蘇聯第一棟摩天大樓。

卡特琳娜去帕庫芙達工作的時候，可以從寬闊的櫥窗看見工業宮。有時候編輯會議在帕庫芙達舉行，不過在她真的開始工作前，她至少得和十個人打招呼，因為那裡總能遇上熟人。

與卡特琳娜一起工作、租房的朋友們有間金屬與木雕工作室，開幕時她還幫了忙。後來工作室成為大家聚會的地方，這些人對她來說，就是她的家人，她開始擔心下一波戰爭來臨，她會再也無法去那裡。

她並不擔心失去物質上的東西，因為全都可以再買，令她感到遺憾的是失去生活。要選擇去哪個咖啡館時，她知道哪裡可以專心用電腦，哪裡又會有滿滿的朋友，讓工作日在聊天中度過；若想晚上去酒吧，她知道要去哪一間，更知道走哪條路在黃昏時有最美的光影。她不打算承載著如頓涅茨克般的記憶，她希望這些地方能留下，能夠接近、再訪並觸碰。當時本是短暫的分離，卻拉長到八年——幾乎是卡特琳娜三分之一的人生。

然而，她在八年前與現在的情況中看到明顯的差異。當時在頓巴斯沒人知道該做什麼，那時親烏分子似乎孤立無援，沒有能力反抗日漸強大的分離主義者。而現在的情況正好相反，她覺得民眾的行動增加了，而這可能會變成普遍的抵抗運動。

卡特琳娜在頓涅茨克的時候，朋友們談論的是要搬去哪，而現在烏克蘭主要的話題是怎麼打趴俄羅斯。可能入侵的消息越多，就越多人學習射擊和急救，軍用品店則像節日前的超市，人滿為患，擁有自己的武器成了大家最渴望的事。

有些人宣告他們要直接上前線，其他人則想在後方幫忙，甚至連那些打算要深入國土或離開烏克蘭的人，也都在想自己如何能派上用場，讓自己變得「有用」成了大家最關注的事。

不過，卡特琳娜不知道自己在戰爭新階段該做些什麼。

俄羅斯入侵的前一天，對卡特琳娜的朋友特蒂亞娜·荷烏波娃（Tetiana Holubova）來說，是個壓力很大的一天；但不是因為戰爭威脅。這位二十四歲的黑髮女孩有著深色眼睛，是兩個獨立劇場的負責人。這些劇場在哈爾科夫有著深厚的歷史，可追溯至二十世紀初。特蒂亞娜所管理的涅夫特劇場（Neft Theater）已為近七十個團體舉辦工作坊，當天的工作坊主題是個人壓力處理，與戰爭並無關係。

三位劇場相關的引導人談到哪些壓力源自我們本身，哪些是不可控的，而主持人請與會者在紙上列出自己的壓力。幾乎所有人都寫了戰爭、俄羅斯世界（克里姆林推廣的地緣政治）、「rusnia」（對俄羅斯人的蔑稱）。潛在攻擊的話題佔據了劇場，因為與會者的情緒已受此影響許久，氣氛很沉重。工作坊裡有一位不久前才退役的演員，他說昨天接到電話，他的連隊發出召集，所以他得去單位報到，坐在他旁邊的女友聽到這個消息後哭成了淚人兒。這是另一個戰爭將至的警訊。

特蒂亞娜心裡深處對戰爭到來的感覺越來越強烈，但她仍在否認，她對身邊的人都說：「什麼都不會發生的。」她總是擔心地看著卡特琳娜，因為她一直在談論與寫下關於末日將至的主題。

工作坊之後，團隊圍在一起坐下，設想要是進入衝突的新階段，他們可以做什麼。其中一位演員，也是受歡迎的音樂人奧勒．卡達諾夫（Oleg Kadanov），聲音裡沒有一點猶豫地說：「要是戰爭開打，我一定會留在這，我會盡我所能幫忙。」

特蒂亞娜敬畏地看著他，覺得自己肯定沒這麼勇敢，若有危險她會在第一時間離開城市。最讓她害怕的是將哈爾科夫和俄羅斯隔開的那些人，就位在不到四十公里之外，這距離非常近，T－72戰車不用四十五分鐘內就能開抵；特蒂亞娜擔心俄羅斯人在居民意識到以前就進入並佔領哈爾科夫。

特蒂亞娜在壓力源的第二項寫了「戰爭的可能與政治局勢」；第三項是「隔離」，因為過去兩年疫情期間，劇場大部分時間都關閉，而現在另一波COVID病情又傳出。然而，那天讓她最感壓力的是別的事，她的第一順位寫的是「白痴」。

她有很多事要做，工作坊一結束她就必須動起來。特蒂亞娜管理的另一個劇場——「美麗花兒」（The Beautiful Flowers Theatre）將在二月二十五號前往基輔，在中央行政官員大樓演出改編的《德古拉公爵》（*Dracula*）。這是兩年來第一次巡演，特蒂亞娜和整個劇場都很開心。

這次活動的基輔負責人一團亂，一直到最後才與劇場確定出演。沒有人知道劇團要怎麼去首都，因為沒買票、沒預付款，也沒有道具寄送的資訊。特蒂亞娜像熱鍋上的螞蟻，直盯著手機，交替發簡訊或打電話給負責人，而對方經常拋出些不友善的評論；她的壓力來源第一項正是此人所致。

對方終於付清預付款也給出地址後，特蒂亞娜逐一致電給相關人員。道具放在不同的地方，她得找一輛可以載上所有東西的大車。當劇場人員到達郵局時，特蒂亞娜一直和他們保持聯繫。她無法自己前去，因為她同時還要為電影節舉辦放映，她甚至還不知道要放什麼節目，因為她一直在打電話。

儘管最近幾天頓巴斯發生了最嚴重的衝突，魁儡政權宣布撤離平民，俄羅斯在邊境為他們設了營地，這時她仍沒想到戰爭；就算這一切都表示攻擊真的會發生，她就是不信。有人問起她是否打算離開或做準備時，她回答：

「都二十一世紀了，怎麼可能會發生這種戰爭。」

那天特蒂亞娜的朋友娜塔莎（Natasha）在放映時走向她，提起了戰爭的話題。她把邊界排著寫有字母「Z」戰車的照片推到特蒂亞娜眼前。

「娜塔莎，妳看太多這種新聞了，都是些假消息。我不相信這些亂七八糟的東西。」特蒂亞娜回應。

娜塔莎好似沒聽到她的話，問道：

「要是戰爭發生了，我該怎麼辦？」

「什麼都不會發生的，別庸人自擾。」

最後娜塔莎離開，特蒂亞娜也回到事情一堆的巡演上。

準備在郵局寄出道具時，問題很多的負責人打電話來說已經宣布進入緊急狀態，中央政府官員大樓不能舉辦任何活動，特蒂亞娜只好打給在郵局的劇場工作人員，取消了一切。她放下心中一塊石頭，想著：「終於有事情是辦好的了。」便回家去。晚上她的朋友發訊息來，雖然她沒理由不相信，但她回覆朋友的態度有如他在講天方夜譚。那位朋友說他在烏克蘭國家安全局（Security Service of Ukraine）的朋友警告他收拾東西，因為隔天或後天哈爾科夫會出大事。特蒂亞娜仍無動於衷，她覺得這種情況是典型的「鄰居的朋友的叔叔說有事要發生」，然後這事便以光速分裂傳播。

「謝謝你警告我，但我不會打包的。」她如此回應。

她確實如此。她不相信這位朋友，把這件事拋到腦後就睡覺去了。

隨筆 春天，他們要蓋房子

昨天和我一起住的朋友們退掉了去利沃夫（Lviv）的火車票，他們認為戰爭目前不會威脅到他們。火車會在清晨離開，他們不想這麼早就開始流浪，坐在烏克蘭西部等上不知道多久。

採訪結束後，卡特琳娜．佩雷維熱瓦邀請我參加爵士音樂會，可惜太晚了，我還有約另一個約訪，而我已經遲到了。另一位難民，四十一歲的娜塔莉亞（Nataliya）在等我，她從二〇一五年起便住在哈爾科夫。

她離開了德巴爾切夫（Debaltseve）。那是座人口兩萬五千人的城市，也是位在頓涅茨克州和盧甘斯克州邊界上的重要鐵路樞紐，至今已易主了三次。二〇一五年二月的戰鬥成為頓巴斯戰爭首幕最後一場重要戰役，烏克蘭軍隊在俄羅斯與分離主義者的包圍下，被迫離開德巴爾切夫。

這些事件不久前，娜塔莉亞和大她二十歲的丈夫米可拉（Mykola）重新整修了他們將永遠失去的房子。當時他們盼望著第二個孩子的到來，想讓孩子有最好的環境，根本連想都沒想過他們的家園會成為戰場。娜塔莉亞與丈夫和兒子——一歲半的奇里爾（Kiryl）和十三歲的西蒙（Symon）——原本躲在還沒改造好的簡陋地下室，因為擔心小兒子在寒冷、潮濕的空間裡會得肺結核，所以回到房子裡。直到某天晚上，鄰居的公寓飛入一顆砲彈，她才和孩子跑出去，再也沒有離開地下室。水電很快就因為戰爭被切斷，幸好他們先前買了發電機，現在他們回到屋子只為快速準備食物。

米可拉怎麼也不想離開，他不想拋下才新整修過的房子，這是他們擁有的一切，投入了金錢和時間，把未來的希望都放在這房子上。米可拉決定要好好照看它，因為有起火的危險，窗戶也可能會飛走，得立即處理整修才不會讓它變成廢墟，或成為劫匪的戰利品。儘管如此，「可能失去家園」這想法，他們當時是一秒也沒擔心過。

當大砲如工廠機器運作、飛彈從頭上低空掠過，更多的建築物被摧毀時，娜塔莉亞聚集了四散在城裡的家人，決定與親人們離開一段時間，等待最糟糕的時刻過去。米可拉留了下來。

他們被軍隊帶到附近的城市，逃亡者只帶上幾個包包，因為他們都相信很快就能回去。娜塔莉亞主要帶了奇里爾的尿布和衣服，西蒙帶上他的必需品——新筆電，再加上一些衣物；沒有更多東西。其中一位親戚帶了狗。他們坐上火車出發。

「媽媽，我們到底要去哪裡？」西蒙問。

「去哈爾科夫。」

「去找誰？我們沒有家人或認識的人在那。」

「西蒙，我不知道。會有辦法的。」

志願者一開始安排他們暫住在哈爾科夫附近的旅客休憩所，後來市議會的人把他們帶到一個在德國幫助下建造的貨櫃屋小鎮。這些貨櫃屋甫建成就為四百多名有需要的人提供庇護，包括低收入戶、殘疾者、單親媽媽、多子母家庭。[9]兩個房間約十坪，住了八個人和一隻狗。娜塔莉亞很高興可以住在這。

他們離開後不久，回家的希望就破滅了。雖然米可拉留下看守房子，但是二月初某個夜晚，一枚飛彈擊中房子時，他也束手無策，只能無助地站著看它燃燒。消防隊沒有出動，他只好打給娜塔莉亞，告訴她這起悲劇。她立刻淚流滿面，就這樣哭了一天。米可拉什麼也沒有了，身上只剩自己的文件，所以也沒理由繼續待在那，一早就跳上車去哈爾科夫。

娜塔莉亞永遠也忘不了他抵達的那一刻。他看起來像隻流浪狗，好像她離開後就沒洗過澡般；髒兮兮的，沒刮鬍子……第九個人就這樣住進了十坪的空間。

母親、父親、阿姨，每個人在德巴爾切夫都有自己的房子或公寓，現在全擠在一起，對他們來說很難適應。經歷這些事後，大家都精神緊張，再加上空間狹小，爭吵一直沒有少過。那些房子仍倖存沒有被炸毀的人，祈禱著自己的房子能繼續平安無事。娜塔莉亞家共有三棟房子被燒毀，他們最後只好學習生活在一起，因為他們知道，至少目前無法寄望有別的住處。

貨櫃屋是暫時的，而暫時的卻撐了最久；有些居民原本預期待三年，卻待了七年。事實上，二〇二一年底，貨櫃屋小鎮的居民數量少了一半以上，住有一百七十五人，其中七十五名兒童，二十六名殘疾人士。

娜塔莉亞那十坪空間裡的家庭成員也減少了。阿姨的房子撐過了砲火，而且她的丈夫還在那守著，她首先回去由不被承認的共和國所控制的德巴爾切夫。一年後娜塔莉亞的表姐離開貨櫃屋。她父親留在德巴爾切夫，母親每天打電話過去，偶爾回去拜訪他，某天起他不再接電話，她馬上就收拾行李回去了。娜塔莉亞的父親去世了；兩年後，她的母親也在哈爾科夫去世；她打算回到德巴爾切夫住回自己的房子裡，但沒有實現。

娜塔莉亞與丈夫在一個機構找到工作，這個機構專門幫助無家可歸的人。他們已無家可回，在德巴爾切夫什麼也沒有，至少在這裡還有工作。現在小兒子上了小學，大兒子在國立大學唸書，要是娜塔莉亞和米可拉仍想回德巴爾切夫，他們每年會探親一次，走過街頭、看看城市，但孩子們已經不去了。

貨櫃屋在多年後開始出現問題，有些地方腐爛、漏水，通風設備壞掉。根據監察員的報告，這些貨櫃屋不僅不宜居住，還相當危險。[10]就算如此，娜塔莉亞和米可拉仍死守這個地方，悉心照料自己的貨櫃屋，因為他們知道自己買不起更好的住處。他們已經定居在貨櫃屋裡，米可拉還在周圍種上櫻桃樹和杏桃樹。他們買了洗衣機和電視機，而西蒙終於組了一台夢想中的電腦。他們和鄰居熟識，也喜歡自己的工作，雖然生活簡樸，但他們很開心。

娜塔莉亞不想讓自己陷入瘋狂，也不想與他人爭執，因此她沒有關注新聞。她很平靜，知道就算整天去想那些事，也不能改變什麼；克里姆林宮出不出兵、要不要談和都不是她能決定的事。

她關心的是今年貨櫃屋區要建造三棟兩層樓的房子；這是烏克蘭副總理伊琳娜・韋列休克（Iryna Vreshchuk）來巡查時宣布的。小鎮在展示圖上看起來令人印象深刻，除了整齊的房子外，還有綠地、長椅、兒童遊樂區和停車場。多年在這種條件下生活，娜塔莉亞和米可拉等不及住進真正的房子裡。營建工程將在春天開始，所以他們帶著期待過日子。唯一能阻止這些計畫的，就是戰爭。

要是戰爭爆發，他們不打算離開哈爾科夫；只是他們在德巴爾切夫時也是這麼說的。娜塔莉亞要丈夫修理車子並加滿油，米可拉不想聽到這些話，因為他們不知道該去哪裡。畢竟他們才習慣了這間房……

娜塔莉亞的話一半是說給自己，一半是說給我聽，她說她並不害怕，在國內流離失所的人睡得才最安穩，因為他們都知道，一切不再如二〇一五年。

戰爭開打

夜色與冷冽籠罩空蕩的街道，人行道上只有穿著黃色背心和帽子，扮成學生的假人，用以迫使司機停下。城市的燈火一如往常地閃耀，雖然這「往常」剛成了過去。遠處傳來咻咻的飛彈聲與金屬轟響，喚醒睡夢中的居民，另一些人則是被爆炸、掉落的屋頂與牆壁（此時混凝土都成了脆弱的保麗龍）、裂掉的玻璃、恐怖的尖叫聲和充滿痛苦的呼喊聲驚醒。

五點二十分，卡特琳娜．佩雷維熱瓦被室友麗娜（Lina）叫醒。她說：

「小卡，戰爭開打了。」

卡特琳娜看了看麗娜和時鐘回答道：

「麗娜，早上五點開這種玩笑很爛。」

「我沒在開玩笑。」

這時，卡特琳娜聽到爆炸，她看到地西泮（Diazepam）的盒子，吞下了兩片藥片，好讓整天都感覺平靜。

特蒂亞娜．荷烏波娃的夢被朋友妲霞（Dasha）的電話打斷，她不久前離開去了利沃夫。

「小特，開始了。」她宣布。

特蒂亞娜很驚訝，因為她什麼都沒聽到，她關上了臥室的窗戶，睡得很沉。

「有朋友要來利沃夫，車上還有位子，我們公寓有多的床。」妲霞提議。

「我目前想先留下來。」特蒂亞娜回答道。

哈爾科夫北部郊區不可能聽不見砲聲，聲音一傳到二十五歲的米哈伊洛（Mykhaylo）耳邊，他便從床上跳起奔向走廊，這可救了他一命。他到自己小房間的門口時，一聲巨響揚起了灰塵與煙霧，因此這男人什麼也看不見，他感覺——他猜——他的背與腿被碎玻璃與瓦礫擊中。他以為是有東西在街上爆炸，所以窗戶才會破掉。渾身沾滿黏稠灰塵的他，衝到母親的房間想確保她沒事，奇怪的是，兩間房只隔了層混凝土牆，這裡卻不如他房間一樣殘破混亂。

米哈伊洛回到自己的房間。桌子和地板上滿是瓦礫，窗簾桿和暖氣扇片被扯下（煙霧就是從這來的），床是一片破爛，但窗戶仍然完好無損，米哈伊洛沒有立刻看到房間裡出現了別的東西。那是一根巨大管子——飛彈的彈身穿過三層樓，自天花板延伸至地上，恰恰擊中米哈伊洛幾分鐘前抱著頭的地方。

其中一位軍人鄰居運氣不太好，一條腿受了傷，居民立刻幫助他撤離；樓梯上留下了紅漬，還有沾滿血的繃帶散落在電梯旁。

米哈伊洛的大樓是這場戰爭最先受到影響的地區之一，雖然如此，他與母親還是決定留下，因為祖母的公寓也在這棟樓裡。

二〇一四年戰爭開始的地方，頓涅茨克州斯洛維揚斯克（Sloyansk）一片寂靜。四十三歲的舞蹈老師特蒂亞娜・奇米翁（Tetiana Khimion）與她的丈夫，一如往常在九點左右起床，準備去工作。她每天都幫孩子和青少年上課，通常一點開始上課，晚上才下課。她的舞蹈教室約有三百位學生，其中一些人參加各大比賽，三月準備去畢亞卡塔贊斯卡（Białka Tatrzańska），四月要去英國。

那天早上，她和丈夫打開電視吃早餐，食物還未吞下，他們就知道發生了什麼事。這並沒有讓他們感到驚訝，他們都知道，持續多年的戰爭進一步升級只是時間的問題。丈夫剃了光頭說：

「我要去。」

「你確定嗎？」特蒂亞娜問。

她知道這只是形式上的對話，因為對此他們談論過許多次。

「對。」他肯定。

她沒再多問，兩人一起去了徵兵處，而他們徵招了他，沒有她。

鄰近的克拉馬托爾斯克一點也不平靜，飛彈立刻落在機場和軍事基地上。不想告知姓氏，三十四歲的尤莉亞，第一波爆炸時在睡覺，她被嚇得跳到她身上的貓和狗叫醒。她的睡眠被打斷，對於動物的驚嚇毫無頭緒，過了一會，她聽到爆炸聲才從床上跳起來。雖然離機場很遠，但爆炸的強度讓窗子震動，她覺得連大樓都在晃動。八年前她也經歷過砲擊，但那完全比不上現在落在機場的東西，一次爆炸、第二次、第三次，她完全無法冷靜。她把自己從床上拉下來，找出她的電話和必要物品，笨拙地穿上衣服並打電話給男朋友；他剛做完眼睛手術正從敖德薩（Odesa）這直線距離五百七十公里外的地方回來。沒有訊號。她沒有搭電梯，而是按照她為當地學校寫的指示，走下樓梯到低樓層，躲在樓梯間深處打電話給她的父母；他們很好。她確認了男朋友的位置，最後顯示他在鄰州，第聶伯州，他正往家裡前進。

尤莉亞跑去購物，她在超市還沒撤下促銷價、貨架被清空前完成採購。男朋友抵達後，她臉上才有了笑容。但在與男友母親見面時，她的笑容立刻就消失了。

「俄羅斯在軍事基地附近轟炸一陣子，摧毀飛機場後就會來這裡。」女人突然向尤莉亞脫口而出。

尤莉亞氣得臉色發白，但她咬牙忍住，這天，她不想再陷入爭吵。

基輔如哈爾科夫，空襲也在五點後不久開始。空襲叫醒了三十歲的巴西柔術選手伯赫妲娜．赫伍柏（Bohdana Holub），她一開始以為是在做夢，因為直到最後，她都不相信會有戰爭；與她常聯絡的軍事人員也不相信。她當然知道軍隊在邊境集結，但她認為這只是下馬威，畢竟一年前也有過類似的軍演。她生活在否認中的最好證據，就是她當天的計畫——她打算做幾項巴西柔術與混合健身的訓練，晚上帶上準備好的雪板，與弟弟一起去烏克蘭西部的布科韋爾（Bukovel）度假。

然而，睜開雙眼後，她聽見接連的爆炸。她拿起電話看訊息。雖然她已經習慣挑戰、疼痛與壓力，但是面對這種驚嚇和恐慌對她來說也是頭一遭。她感覺一切都從體內擠壓著她，安全感如米哈伊洛的天花板一樣，崩解成碎片；她一秒都沒感到安全。她所熟悉的生活，都在那時崩壞了。

在俄羅斯總統弗拉基米爾・普丁（Vladimir Putin）宣布於頓巴斯進行特殊軍事行動後（俄羅斯秉持歐威爾《一九八四》的精神，禁止把戰爭稱為戰爭），基輔時間約清晨五點，許多烏克蘭城市響起爆炸聲。以兩面俄羅斯國旗為背景，在木桌子之後，他以向來單調的語氣說話，輕微做著手勢，解釋軍事行動的假設、原因與假定結果，好像他在講課。他說：

旨在保護八年來被基輔政權所壓迫與種族滅絕的人民。因此，我們要求烏克蘭去軍事化和去納粹化，以將對平民，其中包括俄羅斯聯邦公民，犯下眾多血腥罪行的人繩之以法。[11]

此外，還要烏克蘭承認，頓涅茨克和盧甘斯克地區自行宣布獨立的共和國與克里米亞為俄羅斯的一部分，並要基輔放棄成為北約成員。

澤倫斯基總統第一時間以手機錄影，透過社交媒體向公民演說。他的雙眼空洞且疲倦，沒有繫領帶，襯衫的鈕扣也沒扣上，不過他相當鎮定。他宣布國家進入戒嚴，並說道：

> 今天，你們每個人都需要冷靜，如果可以的話，請你們待在家裡。我們正在努力，軍隊在各自的崗位上，整個烏克蘭安全與國防部門都在全力運作。我、國家安全與國防委員會、烏克蘭政府內閣會與你們保持聯繫。我很快會再與你們聯絡。不要驚慌，我們很強大，一切都準備好了，我們將贏得勝利，因為我們是烏克蘭。榮耀歸烏克蘭！[12]

飛彈在全國各地落下，首要是軍事目標，特別是空軍基地和防空系統，俄羅斯希望可以快速掌控空域，以獲得對烏軍的巨大優勢。烏克蘭邊防局（State Border Guard Service of Ukraine）不久後表示，烏克蘭邊境五個州：盧甘斯克、蘇梅（Sumy Oblast）、哈爾科夫、切爾尼戈夫（Chernihiv Oblast）、日托米爾（Zhytomyr Oblast）受到俄羅斯以及來自克里米亞的攻擊。

隨筆　我現在很害怕

採訪完娜塔莉亞後，晚上我和朋友待在一起。我們一如往常坐在最愛的桌遊前，有人開玩笑說這可能是我們最後一次玩桌遊。我們攤開六角形的遊戲板，在仍然荒蕪的島嶼上蓋房子，時間就這樣過去，我們甚至沒發覺已經半夜了。

我在床上看了澤倫斯基的演講，就是讓卡特琳娜．佩雷維熱瓦感到平靜的那段。我的感覺與她不同，比較像她在看推特時的感覺。駐莫斯科的記者說清晨將開始攻擊，睡前我調了清晨四點的鬧鐘，但——這很少發生——我睡過頭了。

爆炸聲緩慢、不祥地開始演奏，叫醒了我，也揭開了新一輪的戰爭；而這場戰爭與烏克蘭某些地區這幾年所經歷的有所不同。只要聽過火箭彈與飛彈爆裂的聲音，就很難錯認；大概只和打雷或煙火有些相似。我有點驚訝，同時又覺得自己算是有所準備，接著我從床上起身，跑到朋友的房間。他們的房間在建築的另一側，那裡什麼也聽不見，他們都睡得很沉。

「開始了！」我喊道，立刻把他們從睡夢中拉出來。

「你認真？」朋友的反應出奇地平靜。

那天晚上我會收拾好行李，能準備好面對各種情況，都要感謝朋友的狗。三週前，我剛到他們家時，黑色的小怪獸從我背包內袋挖出兩百五十歐元，咬得稀巴爛，從那時起，我的包包總是收好的狀態。

然而我卻缺少在這種情況下最迫切需要的東西——頭盔、防彈背心和藥品。我把那些東西留在基輔，因為我和許多烏克蘭人一樣，成了那種想法的受害者；我的意思是，我知道會發生什麼事情，但時間還不到。所以我迅速去了趟哈爾科夫與內部難民見面，把一切都計畫得很好。我會在二月二十四日晚上回到基輔，聽打採訪內容並開始寫隔天就要交出的文章，因為星期三要刊出。我在去哈爾科夫的路上得知，戰爭是無法避免的，但我心存希望那會在我回去後才開始。

黎明時分，我做好最後的收拾，準備離開去報告哈爾科夫的情況，在我離開朋友家之前，娜塔莉亞打電話給我，她的聲音不如幾個小時前平靜，她說：

「我現在很害怕。」

新現實

接近八點鐘，俄羅斯的坦克往哈爾科夫的方向開去，軍隊正直奔城市，好似他們深信隨時都能把城市佔領下來。一個小時前，澤倫斯基總統宣布戒嚴。

因服藥而平靜下來的卡特琳娜知道現在該做什麼。許久前她和友人就約定好，這種情況發生時的集合地點是朋友的藝術工作室。她這才開始收拾，因為近幾週每次她試著準備撤離背包時，心裡都被某種恐懼吞噬，讓她放棄準備。她把筆電、相機、狗食、文件、小時候的照片、艾拉的玩具丟進包包，還帶上了豹紋夏裝，雖然夏天還要幾個月才來；沒有帶上任何溫暖的東西。她對著狗招招手，因為最重要的是把狗帶上，其他的東西倒是沒那麼重要。

帶著包包和狗，她與室友麗娜直接搭計程車到工作室。清晨格外美麗，升起的太陽灑下粉紅色的光芒，卡特琳娜依然無法相信，戰爭竟在如此美好的日子爆發。

工作室位於地下，完全符合安全需求。這裡很高級，有浴室、廚房、滿滿的食物，偌大的空間裡有植物和動物。在卡特琳娜的朋友之間能嗅到恐懼，有些人坐著發呆，不知道該做什麼，或是緊張地走來走去。麗娜很沮喪，但她一直開玩笑，爆出一陣陣笑聲。卡特琳娜隨著播放的音樂跳舞。她覺得很奇怪，因為大家總認為她是恐戰的偏執狂，但當戰爭開始時，她卻是全體之中最冷靜的人。某種程度上，沒有人可以指責她的神經質了，因為她是對的。整個工作室裡的氣氛有如鐵達尼號上的晚會。

他們花了幾個小時在想該做什麼，幾乎所有人當前都是烏克蘭活動的積極分子。與內部難民一起工作的心理治療師特蒂亞娜認為，要是被佔領，他們都會有危險。「這不是請求，我只是把事實擺在眼前，妳和麗娜上我們的車，我們走吧！」她對卡特琳娜說。

晚上，他們坐上小巴離開哈爾科夫，車上一共十二人，兩隻貓，一隻狗和一隻烏龜。第一天晚上他們只抵達距哈爾科夫一百多公里遠的克拉斯諾拉得（Krasnohrad）。他們開上小路，避開嚴重的車潮，不過全國實施宵禁，限制了行動。各州的規則有所不同，但是晚上到黎明之間都不可離開住所。

卡特琳娜和朋友們決定住進飯店，但是飯店沒有空房，不過他們很快便說服員工讓他們睡在大廳，鋪上被子、睡袋、毯子，創造出一個營地。早上，他們朝烏克蘭中部的克羅皮夫尼茨基州（Kirovohrad Oblast）前進，在路途中關注新聞，聽聞更多戰鬥、轟炸與傷亡。卡特琳娜也寫訊息給在哈爾科夫的朋友。

車上的氣氛其實不差，他們會開些玩笑振奮彼此，但時不時還是會有人崩潰，所以他們約好要哭輪流哭，要是全部一起哭哪也到不了；當時卡特琳娜覺得自己像是絕望電影中的女主角。他們在克羅皮夫尼茨附近的村子又待了一晚，為了抵達車尼夫契（Chernivtsi），隔天黎明就出發。車尼夫契與羅馬尼亞的距離跟哈爾科夫至俄羅斯的距離差不多，遠離前線的它是烏克蘭最安全的城市之一。

時至傍晚，往車尼夫契的塞車潮並無緩和。他們預計會在車陣裡再卡兩、三個小時，然而碰上宵禁，進城的崗哨不放行，所以他們只能睡在車上。凱特琳娜車上的司機允許抽菸，但是時不時打開車窗讓車內非常冷。疲憊的她十點才醒過來，塞車仍看不到盡頭。他們往前移動了一些，看到一間加油站，其中一些人便下車去上洗手間、遛狗和買咖啡。然而，商店早被掃空了，只剩下茶，不過他們沒有拒絕，因為熱飲總是令人感到愉快。

留在車上的心理治療師打電話給他們，要他們立刻回到車上，因為車流開始前進，車子沒辦法停在路上。其他人大概也接到通知，所有人突然就跑了起來，大家都想趕上車子。卡特琳娜回頭一看，奔跑在她後頭的還有手上抱著孩子的女人。那是她第一次看到這般情景，這一切都是真的，他們未來的生活將會如此——恐懼、匆忙、不斷搬遷，無盡的焦慮。

特蒂亞娜住在市中心。她和妹妹一起去位於往波塔瓦（Poltava）方向道路上的商店時，瞧見一連串汽車與巴士向那裡延伸；大多數人都想往烏克蘭的深處去。提款機前有很多人在排隊，因此她沒去領錢。火車站附近仍空蕩，很少人相信會有火車來。搭車的價格翻了幾倍至十幾倍，計程車司機沒把自己的家人送走，繼續出門工作，賺飽荷包。行人走下哈爾科夫的地鐵站，因為城市沒有為大規模撤離到地下做好準備，地鐵站成為躲避炸彈與飛彈的重要據點。戰爭爆發前一天，哈爾科夫市長伊萬．特雷科夫（Ihor Terekhov）本要帶媒體視察各避難所，最後只參觀了位在熱力發電廠的一處。市長保證該設施準備周密，有床、用水孔和空氣過濾器與儲糧，甚至還有防護服。有兩百個位子供熱力發電廠的員工使用，另外兩百個給外部需要的人（不過負責人沒有說誰可以進入）。特雷科夫保證，二〇一四年起該市就已擴建居家、停車場與避難所的避難系統，投入約三千萬荷林夫納（當時約為三千兩百多萬台幣）。對於記者追問「哈爾科夫是否準備好應對可能的戰爭」，他似乎感到不耐煩。他認為「哈爾科夫總是準備好應對任何挑戰」，只要中央一聲令下，一切都能執行。然而，基本上什麼也沒有做。大部分房子的地下室都無法待太久，正如視察時其中一位媒體發言人所透露，其他特雷科夫本要去視察的避難所，被緊急事務部門認定無法使用。地鐵站是唯一安全的地方，附近居民都湧入避難，有些人穿著睡衣進來，蓋上外套睡覺，有些人打包得像是要出遠門；月台慢慢被佔據，地鐵仍持續營運，車上不擁擠，但有特別多人帶著行李。與此同時，大規模的志願者開始動員。

人們在徵兵處前排隊，等待加入國土防衛隊或常規軍隊並領取武器。包括特蒂亞娜在內的許多人都似迷途羔羊，還在試圖釐清他們周圍發生的事。看到超市的人潮和被迅速掃光的貨架，她們知道自己來晚了。特蒂亞娜不是會囤貨的人，她總是只買想吃的東西，所以家裡沒有儲糧；根本沒考慮到商店在這種情況下可能會關門、缺食品。

姐妹倆想買些罐頭，但是貨架上所剩無幾。她們只在籃子裡放進剩下的魚罐頭、豆罐頭，以及同樣所剩不多的各類穀物。任何保存期長的東西都沒了。

除此之外，姐妹們的籃子裡還有茶、即溶湯包和糕餅。特蒂亞娜對戰爭的想法與沒經歷過戰爭的人都相同，她認為戰爭就是無盡的轟炸、生活在無法探出頭的地下室，沒有水也沒有電和瓦斯（她幸運地屬於大多數沒經歷過戰爭的人之一）。她要自己和妹妹們都少吃一點，因為她想讓存糧撐得久一點。

她們離開商店時，隊伍又更長了。特蒂亞娜在家裡陷入一種奇怪的狀態，不斷在講電話或是交換消息。她想知道家人和朋友怎麼樣，不只和哈爾科夫的朋友通電話，也和其他城市如基輔或敖德薩的朋友聯絡。那天，遠程飛彈甚至攻擊了距戰場幾百公里遠外的城市。她在電話與電話間讀各種新聞——傳統新聞與社交媒體。晚上，她的雙眼因長時間看螢幕而疼痛。她感到無力，獨自一人沒有太多能做的事，而壞消息和無力感令她陷入沮喪。

她們搬到了走廊上，在那度過頭幾天，直到飛機投下的火箭彈與炸彈開始落在市中心。爆炸、搖晃的建築物與嚇人的轟隆聲一次次落在她們頭頂，那時她們才決定去隔壁大樓的地下室，度過最糟糕的轟炸期。

那條走廊正是特蒂亞娜決定接下來何去何從的地方。其他地方的朋友打電話給她，雖然他們那裡也有飛彈落下，但情況好上太多，因此邀請特蒂亞娜過去。

她很訝異這麼多人向她伸出援手，有些甚至是不常聯絡的人，不過她禮貌地拒絕了所有人。入侵的第一天，驚慌並沒有佔據她，她感到相當平靜。情況是很可怕，她害怕走在街上，但是恐懼並不是一直伴隨著她；爆炸令人不舒服，但她很快就發現，在爆炸中是能生活的。她可以自理一切。令她想留下的原因還有家人，因為他們也不打算離開，要是情況有變化，比如說俄羅斯突然攻進城市，那她也得幫助家人離開。

俄羅斯人是否會進入哈爾科夫，還是個未知數。早上俄羅斯人已出現在城東的郊區，發生激烈衝突。起初烏克蘭軍隊佔上風，成功擊潰前進中的軍列，不過仍有零星的俄羅斯車輛在城內遊蕩，直到被軍隊或志願者追捕。劇場與其相關人員在通訊軟體 Telegram 上有共同群組，攝影師傳了一張從市中心不遠的街上拍的照片，那裡有輛寫著字母「Z」的俄羅斯車輛。特蒂亞娜那時緊張了起來，因為哈爾科夫的命運變得不確定，強烈的情緒纏著她，讓這天似乎沒有盡頭。

在這種情況下，很難將思緒投向未來，就連一小時都像永恆，在此期間一切都可能發生巨變。特蒂亞娜讀到新聞，其中一個高級別的國際會議將在一週後舉行，她心想：「一個星期？撐得到那時候嗎？」雖然西方國家這次都罕見地快速反應，但對特蒂亞娜來說，所有的回應都慢得不可思議。

最有破壞力的感受是「不確定」。情況隨時都在變化，戰爭的範圍大到無法評估實際的情況。俄羅斯人從佔領的克里米亞行動，迅速佔領烏克蘭南部地區；東部則拿下了相當難守的盧甘斯克州；北部已達蘇梅和切爾尼戈夫的邊界；也重創了基輔地區。很快便有消息指出，俄羅斯在離首都不遠的霍斯托梅爾（Hostomel）機場空降並持續交戰，向前推進的軍列佔領了車諾比（Chernobyl）地區；俄羅斯人想在三天內佔領烏克蘭首都，沒有人知道他們是否會成功。

哈爾科夫郊區的激烈戰鬥沒有停歇，烏克蘭坦克縱隊沿著城市街道向戰場邁進，大家慢慢地意識到，戰爭已經成了新的現實。

特蒂亞娜內心燃燒著其他情緒，這也成了她留在城市裡的原因，那是憤慨與怒火——很快地轉為仇恨。她一直以來都在考慮是否要離開哈爾科夫，這裡雖然是她的家鄉，她知道普遍的腐敗、有限的機會和不友善的基礎建設都是這裡的問題，可是她不想因「被某人所迫」而離開。所以她決定，只要俄羅斯人沒有佔領這座城市，她就不走；有點是賭氣的心態，即便沒有伸手拿槍，她也想展現自己已經準備好抵抗的姿態。

公民的抵抗，正是烏克蘭抵禦住俄羅斯進犯的原因之一。

隨筆　乘坐頭等艙撤離

火車站的人潮仍然很少，主要是女人、兒童與在當地大學就讀的外籍學生，來自非洲、近東與南亞。試圖掌握周遭發生的事情是大家的共通點。

我有去基輔的火車票，但是車子沒有來。播報員說火車延誤了，卻沒說延誤到什麼時候，也沒說車子到底會不會來。我打電話給帕維爾（Pavel）和安娜（Anna），因為他們最後決定要離開哈爾科夫。他們收拾好東西，帶著狗來到車站，要經基輔去利沃夫。

車站聚集了越來越多等待的人，可以感受到不安，但沒有驚慌。每隔一段時間，大家就會轉向鐵軌上方，看正在通過高架橋的坦克縱隊。

火車晚了四小時進站。那是輛二〇一二年歐洲杯足球賽前購入的低地板城際列車（Intercity），相當舒適。列車長讓等候的人群在車廂入口排好隊才放行。沒有人推擠，每個人都冷靜地站好自己的位子。我有過幾次緊急從危險城市撤離的經驗，但從沒看過這麼冷靜、有秩序的情況。

烏克蘭國家鐵路局（Ukrzaliznytsia）展現了自己的實力，很快便成為國家主要的後勤與人道資源之一。他們將人們從危險區域送出，也將人道援助資源與軍事裝備送往前線附近。儘管火車與鐵路基礎設施經常受到砲火攻擊，但乘務員冒著生命危險努力向前推進，讓火車持續運行。烏克蘭國鐵從俄羅斯入侵的第一時間起，在許多面向都至關重要。當烏克蘭各地的城市與村莊遭到轟炸，許多人在最後一刻決定逃離時，得以利用免費的撤離交通工具。

在接下來的幾個月裡，他們就這樣從戰地把人們運出來，如布查（Bucha）、伊爾平（Irpin）、哈爾科夫，北頓內茨克（Sievierodonetsk）、利西昌斯克（Lysychansk），利曼（Lyman）、克拉馬托爾斯克或斯洛維揚斯克；將人們從長期的壓迫下解救出來。

二月至九月間，烏克蘭國鐵共有兩百三十八名員工死亡，主要是執行軍事任務者。由於國鐵為戰略性機構，多數員工不被納入動員，但仍有八千多名國鐵員工加入軍隊。

戰爭期間，他們遇到任何損壞就立刻維修，並鮮少中斷連接超過幾個小時。

長期未使用的舊軌道也開始運行載客列車，雖然拖沓難行，時常延誤好幾個小時，但是仍會到達目的地。人們有時得長時間在車站守著，他們也盡力提供如水、燈光、暖氣、網路等基本需求，幾乎到處都能找到提供熱食或資訊的援助組織台。幾百萬人因此能乘坐火車抵達國家內陸地區或國外（主要是前往波蘭）。

烏克蘭國鐵所做的不只是救援平民，它也將人道救援人員送往前線，最重要的是——雖然該公司與烏克蘭政府不願證實——運送軍用物資。我多次看到運輸重型設備的火車在夜色的掩護之下行進，一列列坦克、大砲、裝步戰車悄悄朝東部與南部邊界去；烏克蘭國鐵對於在廣大的國家內順利運輸武器，是至關重要的。鐵路就入侵來說也相當具戰略意義，俄羅斯軍隊佔領鐵路樞紐，以此彌補後勤的不足，將軍車和物資從該國各地運到各前線位置。

我抵達基輔時已經很晚了。我在車站與要前往利沃夫的安娜和帕維爾道別，她要在那裡待上幾個月，而他加入了國民警衛隊（National Guard）。

第二章　韌性

戰時點滴

座落於七座山丘上、擁有三百萬居民的基輔，強烈的生命脈動是其特色（就好與壞的意義上來說）。依市府統計，二〇二二年一月，街上每天平均車流有一百一十三萬；二〇二〇年至二〇二一年間，這個數字增加了百分之二十一。[13] 若是這些車子並排，可佔據面積一百一十平方公里的基輔第二大區，奧波隆區（Obolon）。汽車問題多年來都是首都的燙手山芋，總是壅塞的交通令人難以在城市裡通行。經常擁堵的交通令電動滑板車越來越受歡迎；它比步行或腳踏車更容易克服眾多的上坡路段，而且不必擔心停車問題。

基輔從來沒有功能完善的大眾交通工具。過時的電車和新型巴士零星運行，而蘇式小巴（Marshrutka）並沒有任何時刻表，因此地鐵是主要交通工具。人流沿著看似永遠沒有盡頭的手扶梯下降，深入地下的地鐵站（包括世界上最深的兵工廠站〔Arsenalna〕，位在地下一百零五公尺深），基輔三條地鐵線的載運量可觀，車廂時常塞滿人。基輔有許多商店每天營業，直至半夜才關門，有時候是全天營業，店裡的收銀員和保全多半是筋疲力盡的樣子，等待著漫長工時結束。

基輔不斷有活動，這裡一直有創新的想法和企業，總有新開幕的店。懷抱致富希望的年輕人投入各種嘗試，例如時髦的咖啡館、探索新口味的餐廳、提供精緻飲品的酒吧、填補國家未能善盡事宜的非政府組織，或在新興企業工作。

樓宇之間處處是社交與工作場所，行銷部門的遠端員工，以及因教育水準好、能力佳，且比北美及歐盟國家薪資低而活躍發展的資訊科技產業人員，在電腦螢幕前坐上好幾個小時。

在基輔很難決定週末要做什麼，因為總有各種活動可選擇：看展覽、聽座談、與朋友去第聶伯河畔、在公園或在寬闊河流中的其中一個小島上小酌、於舊車庫的屋頂上辦隔天會很難熬的酒精派對，或者去基輔已聞名多年的電子音樂會玩通宵。如果可以用音樂比喻一座城市，那麼基輔會是龐克搖滾——即使在音樂技巧上有所不足，但會用熱情與投入來彌補。

就在二月二十四日這天，當第一聲空襲警報與巡弋飛彈的聲音響起時，這一切都結束了。刺耳的聲音喚起了不安，加速了心跳，迫使居民尋找最近的避難處。這座城市忐忑不安，不知俄羅斯人是否會進入首都，而當局呼籲基輔居民前往藏身處與避難所。

那些決定留在城裡的人魚貫下到地鐵站、地下室和地下停車場。有些人事先做好了準備，但大多數人毫無準備。一直到俄羅斯入侵，才迫使一些居民查看他們房子深處的狀況。他們發現鍋爐房、勉強可以擠進去的雜物間、長滿黴菌和淹水高至腳踝的房間；待在裡頭的生存機會很小。有時要進入地下室並不容易，因為許多地下室是私人的，通常也是非法的，在這種情況下，積極的居民會將此視為己任，拆下門並改建成速成的地下室。也有人發現了蘇聯時期被設計成避難所的空間，若他們有好好照料，現在這會是安全的保證與舒適的替代品；只是沒人預期會有戰爭，因此這種地方被當作永遠不會重回的——時代的遺蹟。地鐵因此成為許多人最直接的選擇，這讓基輔與哈爾科夫等城市讓人感覺像迪米崔・高佛斯基（Dmitry Glukhovsky）的作品《戰慄深隧》（*Metro 2033*）裡頭，末日後的世界。有些被設計為避難所的車站一直都在使用，也受到維護，有水及通風系統，然而，待在那也就意味著生活受到侷限且缺乏隱私。

偶爾路上會出現行人，他們仔細觀察四周，匆忙地趕往某處，冒險上街的目的通常是去尋找有開門的商店，主要是每天會開門幾個小時的大型超市。營業期間，食品很快就會從貨架上消失，麵包、水果和蔬菜缺貨最為嚴重，因此人們會在商店開門以前去排隊，也就是宵禁結束後的清晨。基輔人快速將價格便宜的貨物掃走，到後來商店幾乎只有高價品。番茄很難買到，但是有整箱的酪梨，陳年火腿取代了一束束肉腸與香腸，冷凍巴沙魚則被虎蝦取代。比較願意移動的居民在城中尋找貨物較多的超市，以獲得難以買到的商品。因為沒人知道商店會開多久，人們提著滿滿的籃子排在長長的隊伍裡。其中一位收銀員說：「只要有食物，只要不轟炸我們，就會營業。」居民正在為最壞的情況做準備。

不久前基輔還燈火通明，現在基輔的夜晚陷入一片黑暗。路燈熄滅，居民也被要求熄掉房裡的燈或以窗簾遮住窗戶。

汽車比人更常出現，在突然荒蕪的道路上自由行駛，這種自由對不自覺會高速行駛的司機來說，有著致命的下場，因為全城都設有哨站、混凝土塊，由公車、卡車、拖車、火車和電車車廂組成的路障也經常擺放在令人意想不到的地方，堅固的休旅車撞上混凝土後嚴重變形，令人難以想像事故前是什麼樣子。

只有在通往西部的出口道路交通繁忙，就連首都平時每日面臨的交通堵塞都無法相比。數以百萬計的人要去烏克蘭西部與國外，希望戰爭不會波及他們；因為道路縮減，出基輔的壅塞又更嚴重。由於附近的戰鬥與前線的變化，通往日托米爾的道路不久後便無法通行。前線的位置很難界定，因為衝突在某處爆發，過不久又在不同的地方開始，就如戰爭第二天，前面提到過的奧波隆便發生了戰鬥。

預示著春天到來的美麗陽光灑落基輔空蕩蕩的街頭，這時卻很難碰上一個在享受陽光的人。只有一個男人在打壁球，以及一對情侶躺在木椅上聊天，許多居民接觸不到陽光，因為他們的時間都在避難處和地鐵站裡逝去。地鐵站裡的人們躺在毯子、軟墊上，又或直接躺在地上。有些人帶著行李箱，有的人只帶了匆忙中能拿上的東西。恐懼、悲傷、迷茫與疲憊掛在他們臉上。

早上，空防系統在民宅上空擊落一架無人機，不久之後便砲聲四起，破壞分子團體之一試圖潛入首都；據聞他們偽裝成烏克蘭士兵，並偷了兩輛卡車。

奧波隆的居民一大早就搭地鐵前往離市中心較近的站，因為那裡一片平靜。仍在運行的地鐵提醒人們先前早晨通勤上班與上學的日常，而現在卻用來疏散、撤離。

十五歲的歐維克桑德拉（Oleksandra）獨自留在家中。她的父親在文尼察州工作，而母親帶著她妹妹和兩隻狗去了位在日托米爾的夏日別墅。陪這位少女留下的只有一隻狗。因為市府警告基輔居民，俄羅斯軍隊有空襲計劃，因此她在地下室過夜。

「六點過後，我離開了避難處。然後我睡了一下，結果警報又響了。」歐維克桑德拉說。

她套上外套，抱起狗走向地鐵站，搭到離市中心較近的條約廣場（Kontraktova Square）

站，在那裡等待威脅過去。奧波隆的其他居民也去了那裡。四十三歲的維多莉亞（Victoria）一家六口在丈夫於後院看到坦克後，來到地鐵站，她幫忙照顧獨自一人在地鐵站的歐維克桑德拉。北部發生衝突時，地鐵停運至奧波隆。

「我們什麼也沒拿，只有一點水、文件和罐頭。」她說，「我希望至少宵禁前可以回去。」

地下交織著各種情緒，有對戰爭的恐懼，也有對快速變化的現實所產生的迷失，還有每一步都可能是無法挽回的錯誤的感覺。因此帶著厚重眼鏡、開朗的退休人員歐維克桑德（Oleksandr）在人群中特別突出。在這危險潛伏在各角落的時刻，這位七十三歲的老者因為不希望朋友獨行，早上便離開奧波隆，送朋友去基輔外的夏日別墅。他把朋友好好送上巴士，擁抱、親吻道別，但當他要回家時，地鐵已經不開到奧波隆了。他在條約廣場站下車，因為這幾個小時裡，這裡就是終點站。他決定步行走剩下的七公里。

「我得回家，我現在手上什麼都沒有，這樣沒有辦法待在這裡。」他解釋道，「反正我整天都坐在家裡，至少現在可以走走了。」

他看起來並不擔心或害怕。他把自己交給命運，因此城裡的警報響起時，他沒有去避難所或可躲藏的地方。歐維克桑德認為，雖然飛彈有時會落在民宅上，但到目前這些建築物並不是俄羅斯軍隊的目標，所以他才會待在家；雖然他承認自己的邏輯可能會為他自己造成危險。

歐維克桑德舉了一則軼事：在列寧格勒（Leningrad）* 圍城期間，一位聰明的機率論教授認為，城裡有這麼多的建築物，根據機率論，沒有砲彈襲擊他房子的機會，所以他決定不躲起來。有一天，他聽說一頭大象被炸死在動物園裡，而整個列寧格勒就只有這麼一隻大象。「該死的機率論！」他說完馬上就下到地下室去。

認為走路有助健康的歐維克桑德，現在正朝家的方向走去。

有一輛俄羅斯的裝甲運兵車行駛在奧波隆街上，好像迷了路，沿著某條主幹道行駛時，碾過了一輛小客車。附近的人趕來幫忙，救出卡在車子殘骸裡動彈不得的老司機。衝突過後，俄羅斯人被殺，而該區的居民於首都的第一次小規模戰鬥後恢復平靜。

維多莉亞與家人如願在宵禁前回到家。另一方面，當地鐵再次開往奧波隆站時，退休的歐維克桑德還在繼續走。

被消息淹沒、無能為力的基輔人，在混亂的第一時間過後，幾乎所有留下的人都想辦法讓自己盡力變得「有用」。接下來幾個月裡，與我交談的烏克蘭人經常說到「有用」這個字，它成了解釋自己為何還留在遭轟擊的城市的萬用詞。

俄羅斯入侵的第三天，沿著佩雷莫西大道（Aleja Peremohy），即勝利大道行駛時可見黑煙從地平線上升起。混亂加劇，俄羅斯人越來越深入基輔州，似乎很快就會包圍首都。基輔西部及其周圍地區發生了激烈衝突，晚上開始，早上結束。

「我被爆炸嚇醒，還聽到一連串的槍響。走近窗戶，看見一道閃光才知道基輔又再次成為攻擊目標。」留著金色短髮，五十歲的絲薇拉娜（Svetlana）說。

戰鬥就發生在她家外幾百公尺處，近距離的槍聲、爆炸聲和尖叫聲讓這個夜晚特別可怕。絲薇拉娜聲稱她從來不說髒話，但是那天晚上她學會了。她破口大罵，讓恐懼有個出口。

烏克蘭士兵徹底摧毀了軍用卡車，然而它們是從哪裡來的，攻擊的目的又是什麼？原因有待查證。他們可能將破壞小組送進城，以從城市的深處進行攻擊，也可能是俄羅斯士兵搞錯了，因為在戰爭頭幾天常有車輛脫隊的情況。

事發後的早晨，消防隊仍在撲滅燃燒的殘骸，周圍散落玻璃、瓦礫、彈殼、破片，甚至是手榴彈的殘骸，以及人類屍體。

城市安靜下來後，許多居民帶著手提箱和行李往市中心與火車站前進。絲薇拉娜不僅沒

---

* 今俄羅斯聖彼得堡。

躲在她家旁邊的避難所裡，甚至沒有考慮要離開。

「這是我的城市，是我出生的地方。去什麼避難所？會發生的就會發生。」她以顫抖的聲音說，「我們正在振作，我已經不害怕了，只感到驕傲和憤怒。」

她說完這句話便淚流滿面，最初的驚恐消退過後，現在才宣洩出自己的情緒。

烏克蘭士兵早上出現在絲薇拉娜家附近，在那設了崗哨。女人看到他們時鬆了一口氣，她不想保持冷漠，便出去幫助他們。

「我和其他居民立刻開始為他們送茶、咖啡，還有一大堆食物。他們說需要什麼，我們就帶過去。」她眼睛仍然水汪汪地說。

「我的影響力很小，但我盡力做我能做的事。」

這是事實：若在二〇一三至二〇一四年間的基輔獨立廣場抗爭，絲薇拉娜就只是大海裡的一滴水。問題是，現在有很多這樣的水滴。

絲薇拉娜家附近的士兵要司機停車，因為街上已經堵滿了車，在他們談話時，女人注意到他們拿出一些袋子。她立刻叫住離她最近的士兵：

「孩子們，你們需要沙包嗎？」

「我們要建路障。」他回答。

「好，我們帶過來。」

然後她就走了。在此期間，一名男子已經提來裝滿沙子的塑膠袋了。不久後軍人就不是站在街上，而是在鞏固好的哨所後頭。

其中一個避難處位在科學研究機構裡，那裡約五十歲的員工，歐維克桑德，自願管理避難所並幫助那裡的人。

「我住得不遠，但因為那該死的，我現在整天都在這裡。」他解釋他指的是戰爭。

在他帶我到避難處之前，他給我看一間佔用了兩個房間的小電腦博物館，裡面收集了舊電腦，像是第一台麥金塔（Macintosh）、雅達利（Atari）和康懋達（commodore）。

「我們希望人們知道電腦的樣子。有時候孩子們不知道電腦以前長這個樣子。」歐維克桑德說。他脖子上掛著的圍巾，頭髮有些凌亂，與入侵後才在腰間配戴，為了以防萬一的刀形成對比。他熱情洋溢地打著手勢說著，讓人都忘了周圍戰爭還在持續，不過他的節奏被「你不想把這些東西搬到安全的地方嗎？」這個問題給打亂。

「搬去哪？哪裡有錢可以搬？」他反問，「現在對我來說最重要的是人們有東西可以吃喝。」

出於安全考量，我不能拍攝避難所。站在入口的男人請我出示證件，最近幾天這已經成為日常，在基輔每個人都會問陌生人：「你是誰？」或是「在這裡做什麼？」並要求出示證明；尤其是遇到像我這種說話聽起來有口音的人，因為當局不斷警告有破壞分子團體，要求居民提高警覺，自行通報並採取行動。

人民事實上也行動了，他們開始尋找破壞分子團體並報告當局。破壞者在房屋及道路上留下標誌，好讓俄羅斯人能輕易導航，但積極的烏克蘭人發現這些標誌，並且移除標誌，用沙子掩蓋，或想辦法擦掉。

樓梯通往地下深處，我在路上經過兩個未出去地上的女人，她們停在有手機訊號的地方。一扇厚重的金屬門打開，通往堅實的走廊與房間。

「這裡還是有蘇聯的氣息，這個避難所的條件算普通。」歐維克桑德說。話是這麼說，但這裡準備得比大多同類建築要好太多，有電、大型飲用水槽、通風系統，甚至還有自己的廁所（雖然因沒接自來水而氣味難聞）。

食物、水、床墊、座椅，人們把能帶的東西都帶來。歐維克桑德本人表示，他帶了四十張凳子。這裡的規則很簡單：在宵禁前，基本上是晚上十點，任何有需要的人都可以來這裡。宵禁後就會關門，早上才會再次開放，那時才可以出去。

我在避難所的時候，裡面不超過五十個人，大部分是年長者，女性居多。白天時這裡相對空蕩，大多數人像年長的尼娜．塞希耶夫娜（Nina Serhiyivna）一樣，白天會回家休息。尼娜行動困難，所以要由一位中年男子攙扶。

「我們有茶和麵包可以吃。總得活下去。」她說，「這一切不是我們的錯……」她補充。她突然提到她埋葬了她的軍官兒子，並哭了起來，說她得走了。

晚上的避難所聚集了更多人，居民們帶上被嚇壞了的寵物，畢竟牠們可不想獨自待在家。「這裡有絨鼠、狗和貓。我跟他們說如果有人有養魚，也可以帶來。我很樂意看看牠們。」歐維克桑德說。

儘管有厚厚的混凝土和泥土層，戰鬥的聲音還是傳到了地下深處。五十二歲的弗拉基米爾與一名男子、兩名女子站在一起，她們牽著身穿迷彩衣的小狗。他給我看手中一塊金屬片，那是在街上發現的破片，可能來自飛彈。

他晚上也待在歐維克桑德管理的避難所裡。午夜過後有人突然敲門，是國土防衛兵；他也必須出示證件。他解釋，俄羅斯的槍林彈雨迫使他們尋找避難處，歐維克桑德原本還以為他們是破壞分子，因為與他交談的人除了防彈背心和武器外，穿著的是平民服裝、短襪和運動鞋。

弗拉基米爾不打算去任何地方。

「我在鄉下也有一間房，我要留在我家人所在的地方。到哪都會碰到他們的，所以沒必要逃。」他說。

他還說，如果情況真的對基輔造成威脅，他會用在蘇聯軍隊中學到的經驗捍衛這座城市。我和弗拉基米爾聊完後，一位男孩走向我，問我知不知道最近的徵兵處在哪，他想要入伍。

俄羅斯入侵引發大量志願者加入軍隊與國土防衛軍，也有許多人要求獲得武器。包括基輔在內，許多城市都有後備士兵排起隊伍，使得徵兵處無法應付所有人提出的請求。

整個烏克蘭都努力攻擊敵人前進中的軍隊，他們自己組織起一切，在當局的號召下準備汽油彈。

基輔出現了這種燃燒混合物的草根生產線。據說在哈爾科夫地區藉汽油彈之力燒毀了俄羅斯的裝甲運輸車，而在哈爾科夫城裡，俄羅斯士兵被來自附近大樓的射擊擊退，完全不知道敵人在哪。

在烏克蘭各地錄下的影片可見，就連手無寸鐵的城市、村莊居民都試圖擋住坦克的去路；有的是獨自一人，有的是成群結隊。除此之外，在烏克蘭東部的扎波羅熱州（Zaporizhzhia Oblast）有幾十個人與第聶伯羅魯德內（Dniprorudne）市長站在橋下一字排開喊著：「榮耀歸烏克蘭！」和「普丁是白痴！」被他們擋住的坦克因此轉向。

我最後來到一棟被俄羅斯火箭彈擊中的樓前，這棟十幾層樓的公寓在四樓處被鑽了個洞。多數居民已離開或躲進避難所，因此只有兩人受傷。玻璃和混凝土碎片散落在被警察封起的街上，損毀的建築很快便成為城市奮戰的象徵，首都居民紛紛來此拍照。

八十歲的歐維克桑德快步穿越灑滿碎片的街道，他是一名工程師，能寫軟體；他也問我國土防衛軍在哪。他們昨天拒絕了他，因為他太年長。

歐維克桑德不懂為何他的年紀是個問題，畢竟他感覺自己狀況很好（事實上他看起來明顯比數字指標要年輕許多），所以他才要找另一個徵兵處，或許他們會接受他。

他指望著若他們不給他武器，也可能會缺工程師；他想以任何方式幫上忙。

出現奧波隆地區相關破壞分子的訊息時，烏克蘭武裝部隊總參謀部（General Staff of the Ukrainian Armed Forces）呼籲民眾提高警覺並採取行動。官方網站上寫著：

> 請民眾提供相關車輛動向！
> 準備汽油彈，消滅佔領者！

一般民眾請小心！不要離開家門！14

警方呼籲留意周邊可疑人士與物品。矛盾的是，烏克蘭人突然間對彼此產生最大信任，同時又存在無限的懷疑、獵巫，不斷尋找破壞分子。情報指出破壞分子衣服上可能有紅色元素互相識別，有時會以特殊符號來標記目標，甚至留下從上空明顯可見的標誌，以便引導炸彈或火箭彈命中。每個陌生人都令人心生懷疑，任何引起不安的事物都應該向警方報告，也可以在Telegram上向機器人舉報。由於警方收到大量此類訊息，根本無法全部驗證。街上每個不認識的人都被問「你是誰」、「你在這做什麼」，每個人都參與其中，草根階層組起守望相助隊，也有老者走出家門查看樓內。不配合的路人——那些拒絕出示證件、或看來可疑的人——會被穿制服的人或志願者壓制在地上。每個人都在捍衛安全，各自做出判斷。

離市中心不遠的時尚餐廳杜布樂（Dubler）人潮絡繹不絕。有些人滿載食材進門，有些人帶者裝滿食物的箱子出去。主廚和廚師們盡力以最快的速度把食物裝進盒子裡。他們不久前開始全天供應早餐，像是起司菠菜歐姆蛋或主餐類的炸肉排佐酪梨與莎莎醬，客人可以在設計精緻的室內享用料理。二月二十四日，俄羅斯入侵之後，他們開始烹煮簡單的食物。我拜訪他們那天，他們準備了幾乎是機器才能處理的大量雞肉義大利麵、番茄醬以及餃子。志願者將包好的食物、麵包和各種小食都疊進箱子裡。十幾家餐廳組成合作社，杜布樂是其中一員，為一萬兩千人提供熱食，對象是士兵、醫院和有需要的人。

三十二歲的拉迪斯瓦夫・烏塞耶夫（Radyslav Usiyev）約兩週前加入幫忙。在基輔太平時，他是總統弗拉基米爾・澤倫斯基所領導的政黨——人民公僕黨（Servant of the People）的攝影師。俄羅斯軍隊逐漸逼近首都時，他向鄰居借了車，開始分送食物，成為送餐的司機，有近百名像他這樣的人開車送餐，確保食物送達指定地址。

「我現在有個小訂單，得送餐給幾位老太太。」烏塞耶夫恰巧收到幾盒麵包和基本食品。他在餐廳裡看到十一年前把他從哈爾科夫引到基輔的東西——戰前那生生不息的脈動與迸發的能量。

雖然俄羅斯發動全面入侵才進入第三週，二十五歲的瑪莉亞・皮德沃索茨卡（Mariya Pidvysotska）不得不請同事幫忙提醒她，二月的最後幾天他們做了些什麼。天下太平時，她負責經營杜布樂餐廳以及迪樂堂（Dyletant）咖啡聽的社交媒體，這兩間餐館的老闆是同一個人。入侵的頭兩天她很害怕，尤其是聽到防空警報響起時，她不知道該如何是好，並且如首都多數居民，她也認真考慮離開，去安全一點的地方。

幾十個小時後，震驚隨之過去，情況也漸漸明朗。這場戰爭明顯不是俄羅斯所計畫的閃電戰，而是長期抗戰；皮德沃索茨卡開始相信一切都會有出路。餐廳老闆的來電讓她冷靜下來，他說既然店裡有食材庫存，來做點事也不錯。杜布樂和迪樂堂原本五十人的團隊裡，剩下十五位員工，皮德沃索茨卡提議大家去店裡，在困難的時刻支持國家。消息傳了開來，除了員工外，其他願意幫忙的人也出現了。餐廳恢復正常工作量，每天準備一千兩百份食物，不過一段時間過後，數量有所減少，因為杜布樂成了合作社的協辦。

透過層層關係，不只是人來到餐廳，食材也流向這裡，比如說，有人向皮德沃索茨卡提供五噸的蔬菜；乳製品加工廠的老闆們也開始提供自己的產品，因為他們意識到，如果不送出去最後也是報廢。其他東西由食品分配而來，也有些是老闆出資，用捐款名目下的資金購買。

「自從有了工作，我意識到我無法離開，因為這是我的城市，是我的一部分。離開這裡就像撕碎我的心。」皮德沃索茨卡說。「要是之後這裡情況如馬里烏波爾（Mariupol）、切爾尼戈夫或哈爾科夫，我可能會離開，但我不確定。」

城裡移動的汽車通常有不同的標記，標示為醫務隊、志願者、記者、從戰場撤離者、軍隊或國土防衛兵。貼滿黃色膠帶的基輔保衛隊很顯眼。「每個行動都有其目的」大概是這座城市戰時生活的最大特點。沒有人再抱持著粗心大意或無所謂的心情過日子。

在這樣緊張的時刻，維克多．舒拉波夫（Viktor Shurapov）做出了令人訝異的事，他在市中心的列夫托爾斯泰廣場（ploshcha Lva Tolstoho）上小憩；綁著烏克蘭國旗的腳踏車就靠在牆上。舒拉波夫的日常工作是寫手機與平板的應用程式，閒暇時他把時間奉獻在保育基輔的三座湖泊上：內布瑞茲湖（Nebrezh）、馬爾蒂什夫湖（Martyshiv）和提亞勒湖（Tyahle）。開發商多年來試圖開發這塊地區，而社運人士希望這裡成為國家公園。

舒拉波夫車上的國旗正是在某次抗議中掛上的。他喜歡旗子在風中拍打，引起路人和司機注意，有人會按喇叭，有人會笑著大喊：「榮耀歸烏克蘭！」舒拉波夫從南部搬來，在基輔住了八年。他小時候造訪首都時就很喜歡這裡，主要是這裡的氣氛——大都市圈、兼容並蓄的建築，以及快節奏的生活。基輔的人都試圖自己做些什麼，而不指望城市或當局，各類新創如雨後春筍般出現，無論是商業、公共的或介於兩者之間的運作形態。

二月二十四號之後，舒拉波夫決定要留在基輔，他不想閒著，因此自己想辦法以不同方式幫上忙。比如說他幫忙其中一個支援軍隊的組織，將數據庫自動化，這樣組織人員就不需再手動輸入，能更有效地作業。要是有人需要，他也幫忙組織派送各種包裹。他會瀏覽一個實際上是電子佈告欄的網站（人們會上去求助，例如出城或為有需要的家庭找食物、鞋子、無人機、無線電，或為國土防衛軍找防彈背心），看看有無任何可做的事。

現在路上的行人比車輛要少許多。安德烈斜坡（Andriivskyi Descent）這個受歡迎的徒步聖地在週末下午特別擁擠，居民與來自世界各地的旅客徜徉在老式石樓之間，欣賞紀念碑、劇院、餐館和周圍的公園；而現在，無論是在平日或假日，這裡幾乎都杳無人煙。

侵略開始之後，人們不會隨意上街，除非有特定的目的，購物、在藥局排隊，或因各種原因必須去到另一個地方，而那些「舊生活」可在為數不多還營業的咖啡館裡看見。偶然出現的路人抱著難以置信的心情走進咖啡廳，驚訝地發現咖啡館竟然有營業。其中一處供應熱狗、雞塊和薯條，幾乎所有走進去的人都好像發現了新大陸。不過，就算是在那裡，戰爭的話題仍不時出現，圍繞著基輔周遭與其他地區的局勢。

皮德沃索茨卡管理的迪樂堂最近也開始營業。她說明咖啡廳將以商業模式運營，會販售咖啡、飲品，接下來也會供應甜點。

「我剛才去過迪樂堂，因為我們在做開幕準備。裡面像戰前一樣乾淨，彷彿還停留在戰前的正常生活裡，可惜事實並非如此。」皮德沃索茨卡說。

迪樂堂恢復營業，除了是要資助志願服務，也為了恢復正常生活的模式，讓人們能夠出門喝咖啡、吃蛋糕，同時不被遠處傳來的警報聲與轟鳴給驚擾。

戰爭改變了基輔什麼？交通停止、一切關閉、營運中的商店擠滿了人、到處可見崗哨，甚至很難相信傳到耳邊的砲響已成為新的日常。不過還有別的日常。

「難以置信的團結。」三十四歲的房地產經紀人，同時也是基輔波迪爾區（Podil）的動畫師帕維爾．卡路克（Pavel Kaluk）說道。

在危險的情況下，這相當弔詭。人們一方面變得多疑，因為害怕破壞活動發生，每個新面孔都會被質問許多問題。不只警方要求出示證件，人們時不時也會要求，有時在出示證件後，他們仍不相信外來者的意圖。

另一方面，如許多與我在二月二十四日後交談的人所說，烏克蘭人從未如此團結，無論在基輔獨立廣場抗爭，還是頓巴斯戰爭時都沒有。

「人們變得很友善，大家互相幫助。我不想說我喜歡人們這個樣子，但是人們展現出自己最好的一面。這種團結不是說說而已，而是身體力行。」卡路克補充。

烏克蘭社會在危機時刻，自發組織表現出色。獨立廣場抗爭當時，設立以障礙物圍出的帳篷小城，有自己的保健、安全、餐飲、文化和科學服務；可以獲取免費衣物與飲食，也能參與知名藝人的演唱會。國內其他城市相對小型的抗爭也與首都相應，志願者網絡迅速形成，將短缺品如食物、醫藥品或柴火帶至基輔。戰爭爆發後，這個網絡快速擴張，有更多人加入，來自全國各地的志願者替地方軍隊籌措裝備、捐款、供給食物、幫忙救援平民。烏克蘭人因此打破了內部的既定印象，挑戰政治人物製造的分裂，並建立起往後足以維繫多年的連結。他們熟悉軍隊，知道誰可以信任，這促使志願活動在八年後，面對生存威脅時，以前所未有的規模爆發。若不是幾年前的經驗，一切不會這麼快完美運作。波迪爾區是古基輔的歷史地區，曾為基輔貿易、工藝與工業重鎮，特色是低建築；卡路克說這是這個地區的優勢。

「這裡的居民比較少，比較容易熟識彼此，因此社區功能運作良好，這在基輔並不常見。」他解釋。

卡路克有如這區的里長伯，認識所有人。他大半的人生都在波迪爾區度過，住過這裡不同的地方。他開玩笑說，俄羅斯入侵前他很少離開波迪爾區，這一點竟然沒因戰爭而改變。

卡路克考慮過要加入國土防衛軍，但他最後得到的結論是，在幕後他可以做更多事。他利用自己的人脈組織起這區的志願者運動。在烏克蘭當局呼籲公民抵抗後，波迪爾社區開始製作汽油彈和反坦克拒馬。

三十六歲弗拉基米爾・汝拉維爾（Volodymyr Zhuravel）正在外頭焊接。他設計的紀念碑妝點著基輔茹良尼國際機場（Kyiv International Airport Zhuliany）、郵政廣場（Poshtova square）與穆洛梅茨公園（Park Muromets），而現在，他產出的反坦克拒馬座落於基輔各處。最近幾天，這座城市設滿路障，以混凝土塊、卡車、車廂，沙袋圍起道路，前面再放上拒馬。汝拉維爾每天可以產出六到十個拒馬。他想要產出五百個，以保衛該區安全，一旦俄軍決定進攻基輔時能有所阻撓。

「這是現代藝術！」汝拉維爾開玩笑說，「他們說拒馬能有效阻止坦克。我和大家一樣，想為阻止瘋狂行為有些貢獻。」

穿過附近的某扇門便置身在幾個放滿汽油彈的空間，這些都是原始的燃燒手榴彈；瓶中填入三分之二的汽油與三分之一的機油，每個瓶頸插入一塊布作導火線。烏克蘭國防部不時會在推特上提醒丟汽油彈的好位置，坦克最脆弱的地方是通風口與光學系統。「摧毀！燒爛！把敵人趕出你家，趕出你的國家。」國防部這樣寫道。

我看見三十歲的特蒂亞娜・沃索瓦（Tetiana Lozova）在汽油的煙霧之中，坐在裝滿汽油彈的箱子與作為導火線的材料之間。她出生於俄羅斯東南部的哈巴羅夫斯克（Khabarovsk），十二歲時為逃離家暴父親，母女兩人來到烏克蘭，而這裡正是讓特蒂亞娜有歸屬感的地方。她是物理治療師，但家園面對戰爭威脅時，她做起了別的事——將藥品送往醫院、為離開基輔前往其他地區的人們尋找住宿，以及製作汽油彈。

「我不能只坐在家裡。我吃不下、睡不著，也無法想其他事情。星期五的時候，我一個志願者朋友死在基輔附近，誰在這樣的事情之後還可以坐視不管？」她反問。

他們在短時間內做出的汽油彈，數量多到不知道該存放在什麼地方。

卡路克募資為軍隊購買熱像儀、對講機、汽車等設備。他與附近的社區一起，為守在波迪爾街道上的國土防衛軍提供必需品。當卡路克傳訊息給其中一個合作社區，告訴他們士兵需要茶和菸，才過不久就有好幾個人回覆「在路上了」。離開基輔的人們留下他們的公寓鑰匙，提供給需要的人留宿，可能是志願者或是從首都附近城鎮逃來的人（那裡正在激烈衝突）。卡路克的小組最近還有個作為——教授大家迅速止血的方法。

「破片或砲火是不長眼睛的，而止血是首要任務。」卡路克解釋。

我們訪談時，漸漸有人走下樓，他們要討論進一步的行動。卡路克說，他感覺從二月二十四日之後每天都很漫長，因為他一直在做事、奔走、與人見面。

雖然乍看之下，基輔的生活似乎冷卻了下來，事實上卻是熱鬧的，在某些方面，也許比俄國入侵之前更熱絡。如今散佈各地且忙著各自事務的基輔人有了共同的目標——保衛城市，期待最終能再次回到自己的日常生活。

隨筆　道別

十三年前，我在去波塔瓦參加學生研討會的路上，第一次造訪了基輔；不過只待了幾個小時。朋友帶我們整團人在城裡兜了一圈。我們去了二〇〇四年揭起橙色革命的獨立廣場，在我造訪的三年後，這裡又再次發生大規模的抗議，不過這次就沒有那麼和平了。我們看了坐落於奇美拉宮（Gorodetsky House）對面的總統府，還有被公園環繞、與國會大廈比鄰的馬林斯基宮（Mariinskyi Palace）。也走到建於一九八〇年代的蘇聯人民友誼紀念碑之下，上頭是兩名工人手舉蘇聯徽章。旁邊一座石碑刻有十七世紀《佩列亞斯拉夫條約》(Pereiaslav Agreement）簽署的內容，哥薩克自此受沙俄保護；這一事件在俄羅斯常被稱為「烏克蘭與俄羅斯統一」。這兩座雕像就在象徵彩虹的拱門之下。在我造訪的八年後，藝術家在這拱門上畫了一條裂痕，以聲援被俄羅斯關押的政治犯。這是友誼的裂痕，該紀念碑在二〇二二年俄羅斯入侵後拆除；我第一次參觀時，沒有人會想到有一天它會從基輔市中心消失。我們去了位在著名的赫雷夏蒂克大街（Khreschatyk street）附近的烏克蘭知名連鎖餐廳，普札塔小屋（Puzata Khata）享用午餐，之後就去搭火車。當時基輔沒有讓我留下什麼印象，我甚至沒想過它會成為我生活重要的一部分。

後來，我去了很多次基輔，以不太正統的方式認識它：借住在朋友家（包括後來的教育與科學部副部長以及代表家），去基輔莫訶拉學院（National University of Kyiv-Mohyla Academy）上課，在已不復存在的酒館喝酒，參觀在小圈子裡有些聲望的藝廊，探索基輔燈紅酒綠的小世界。

最後把我吸引到基輔的是獨立廣場的抗議活動。二〇一三年十一月一個寒冷的夜晚，幾百人來到獨立廣場表達反對亞努科維奇的政策。這個原本小規模的集會演變成自橙色革命以來，最大的街頭抗議活動。歐盟很快便不再是主要的抗議目的，取而代之的是推翻總統並為更美好的明天而戰，加入歐洲共同體只是其中一個面向。

與二〇〇四年有所不同的是，政府並沒有打算和平解決，不只動員了民兵力量[15]，還組織流氓在街上潛行。暴力衝突發生，石塊、汽油彈和閃光彈漫天飛，滑膛槍炮隨處可見。獨立廣場最後幾天所發生的事，至今人們仍沒等到解釋。民兵隊射傷幾十名抗議者，而總統與他的親信決定迅速離開烏克蘭。

寫下這些事件成為我記者生涯中第一件重要任務，開啟了我與大型媒體的合作。在革命氣氛、暴力過程與其喚起的情緒中很難拿捏平衡，現在我可以看出那些嘗試有多笨拙，但我——烏克蘭人大概也是——認為最困難的已經過去了。

勝利的喜悅很快便被克里米亞事件蓋過去，俄羅斯「小綠人」*控制了克里米亞，違憲舉辦入俄公投，製造俄羅斯併吞的藉口。烏克蘭東部水深火熱，而我——再次淹沒在歷史之中——發現自己處在戰爭正萌芽的局勢當中。

基輔成了我的基地。我一開始住在朋友家，直到租下自己的房間，那是我讓自己喘口氣、見朋友並提醒自己戰爭之外還是有生活的地方。我認識了更多人，很快便發現，我在那認識的人比在我的家鄉華沙（Warsaw）還要多。我在那裡踏入了一段短暫的感情，第一次參加電子舞曲派對。曾經喝得太誇張，最後決定洗心革面戒去酒精。我也是第一次在那裡感受到戰爭的跡象——被地鐵發出的聲音嚇到，以為是砲響；幸好這種恐懼很快就消散了，不久後我也學會在戰爭與和平兩個世界之間自由切換。

每個人一生之中都有幾個成長的時刻。對我來說，是青少年時期的體育訓練，以及短暫

* 二〇一四年，俄羅斯入侵烏克蘭期間出現在克里米亞和烏克蘭東部地區，無配戴徽章的武裝人員。

的移民生活塑造了我，在烏克蘭的那些年也是我很重要的生命經歷；至少我是這麼認為的。

二〇一六年，當我坐在飛往華沙的班機上，看著底下的機場時，我以為自己不會再來基輔了。那時的我已精疲力盡，所以我試圖不要離家太遠，出門也只是買買菜、吃吃東西或是和剛好在附近的朋友見面。我如機器般踏在小路上，根本不留意周遭的一切。我受夠了只在地方選舉前才會維修的坑疤道路，受夠了熱水與鍋爐容量太小的問題。我不想寫與戰爭有關的文章，因為局勢已陷入停滯，世界對此也完全不感興趣。我同樣也不想寫這個國家的腐敗問題，或是什麼也不會改變的選舉；不想寫另一波去蘇聯化的作為，因為蘇聯像個影子一直跟在烏克蘭身後。

雖然如此，我仍頻繁造訪烏克蘭，在我搬離基輔的三年後，我又回到這裡待了一年左右。那時正好在進行總統大選，由弗拉基米爾・澤倫斯基大勝告終。這位頗具聲望的政治新秀、喜劇演員成了艱困時期令人無法預期的領導者。澤倫斯基起初天真地相信與俄羅斯能維持和平，停止頓巴斯戰爭，然而他很快就遇上了無法逾越的障礙，因為對方根本沒有保持和平的意思；部分烏克蘭人開始指責總統想讓烏克蘭戰敗、投降。他試圖打擊貪腐並讓國家現代化，同時也不怕規避法律並集中權力，使議會和政府只聽命於他。只是烏克蘭似乎沒有太大的起色。

我第二次搬離基輔時，朋友告訴我：「你會回來的，基輔差不多被判了死刑。」他說得對。

三年後，這座城市就像一棵被掏空的樹，從外面看起來無異，但裡面是空的。日常的喧囂靜了下來，騷動也停止，空襲警報取代了街頭的熱鬧。人們消失了，沒了交通堵塞，各場所都關閉。基輔長出了路障與混凝土牆，士兵、警察與臨時招募的國土防衛軍似乎是此地唯一的居民；至少在地表上是如此——地鐵站和地下室擠滿了平民。

「我再也看不到基輔了」在我心裡出現了這種未曾有過的感覺。我看過二〇一四年後，頓涅茨克被俄羅斯分離主義分子接管後所經歷的那些虛空、壞事、戰爭。那座城市被列入不被承認的共和國，宛若掉入黑洞。雖然情況不如二〇一四夏天那麼戲劇化，有些人回到了頓涅茨克，但頓涅茨克從未恢復以往。那些有所作為、想讓這座城市好起來的人沒有回去，因為他們已成為新當局的敵人，他們回不去了。在街頭掃蕩的武裝人員會儘速把他們關進刑房——城裡刑房興盛，許多人被關過。位在提拉斯浦（Tiraspol）、蘇呼米（Sukhumi）、茲辛瓦利（Tskhinvali）旁的頓涅茨克，也成為想要有所發展的居民們想離開的地方之一；若基輔被俄羅斯軍隊佔領，同樣會步上後塵。要是總統府上掛的是三色旗，這城市的魅力、生生不息與改革的意圖都將隨之消失。

再度踏上相同的小徑，我開始仔細觀察周遭。積極分子在破舊廣場上建的小公園總能吸引我的目光，現在生活中的每個細節都讓我比平常還要喜悅；坐在樹旁木平台上的人們、躺在躺椅上的人們都讓我喜悅。我看到一個男人在公園旁的球場做運動；一對情侶剛跑完步，正好路過這個崗哨——好像這是世界上最普通的事情。每個行人看起來都像某種稀有動物，不時交換著不信任且好奇的眼光，我甚至還在這種情況下，駐足於一幅醜陋的壁畫前，上面是一名男子抱著鹿涉水，大概是想表達人與自然之親近。我不再對坑坑疤疤的路感到厭煩，甚至開始懷念起塞滿汽車的街道與地鐵站附近的人潮。

經過以前常去的基輔莫訶拉學院附近，喚起我許多回憶。想起相約在哲學家、作家與詩人格里高利・史高伏羅達（Hryhorii Skovoroda）紀念碑下的日子，以及那些待在波隆乃滋咖啡廳（Polonez）的夜晚。它所在的十九世紀商貿樓已在幾年前拆除，商貿樓原本要改建成購物中心和辦公室，但是因為貪腐醜聞，計畫被撤銷，那裡至今仍是建築工地，只是現在連這建築殘骸都有它的魅力。我經過這裡上百次，對於它還要醜化波迪爾廣場很長一段時間，我妥協了。我也去了山上，不顧防空警報，帶著懷舊之情欣賞被第聶伯河切割的城市全景。

在侵略發動前夕，俄羅斯人步步逼近基輔時，情況似乎很容易失控，設想城市很可能會被包圍。我打算盡可能留在基輔久一點，所以我儲糧、擬定生存策略、去鄰樓的地下室（那裡似乎被銀行查封，鄰居們得把門移除才進得去)。我為最壞的情況做好了準備，貪心地凝視那些可能是最後一次看見的東西。

沒有「gi」的日子

三十歲的伯赫妲娜．赫伍柏住在奧波隆區，她是烏克蘭最成功的巴西柔術選手，拿下歐洲錦標賽以及世界錦標賽的銀牌。在這項快速發展的運動裡，她是東歐的代表人物之一。

猛烈驚醒後的早晨，她與父親、母親、弟弟弗拉迪斯瓦夫（Vladyslav）在走廊上撞成一團。她的父母經營保全系統公司，父親多年來都與軍隊有聯繫；而弟弟在受柔道訓練。他們在走廊上考慮該如何是好，該離開基輔或留下。最後，因為收到西向交通大堵塞的消息，他們決定留下。

他們當時沒為戰爭做準備，所以只能快速收拾行囊。這對伯赫妲娜來說不難，因為每天都要訓練，打包已經是她的日常，閉著眼睛都能做。衛生用品，如沐浴乳、牙膏、梳子總是在手邊，毛巾與換洗衣物也不例外。她只需要再帶幾件保暖衣物、電腦、手機和充電器就行了。訓練讓她習慣了只帶最少的東西，所以她只帶了一個不大的包。

她後來才發現自己忘了帶上與她最有連結的東西——「gi」，巴西柔術袍。運動佔了她人生中很大一部分。父親帶她去練體操時她才剛滿三歲，十五年後，她受夠了協會、教練的官僚，以及他們對她的態度。後來她不再去訓練，甚至沒有人打電話問她發生什麼事，這讓她相信自己做了一個正確的決定。

但是她不想因此放棄運動。她開始尋找自己適合的新運動，嘗試跟隨弟弟的腳步學柔道，但她不喜歡。後來她開始做混合健身，這項運動除了槓鈴和健身外還結合許多體操元素。當時她的朋友們在練巴西柔術，說服她嘗試看看，她便埋頭苦練了一年。當時讓她決定踏上榻榻米墊上的原因，不完全是運動本身，那時她想談戀愛，而巴西柔術課上有很多頗具吸引力的男同學。打從她踏上墊子開始，就對這項運動一見鍾情，這份情感比她給予其中一位訓練者的還要多，後來感情過去了，巴西柔術留了下來。

伯赫妲娜畢業於數學系，她在體育上的發展不只有自己的運動生涯。她訓練選手、當比賽裁判，還管理一個體育社團，幾年後她成為國家代表，登上國際舞台，為國家拿下許多獎牌。目前為止，沒有任何烏克蘭女性接近她的成就。

伯赫妲娜一家人最初決定待在走廊上，那裡符合「兩道牆原則」，即在被飛彈直接擊中的情況下，第一面牆被炸垮，第二面牆能承受住爆炸的力量；遵循這個原則能大大提高生還機會。然而，住在六層樓高的公寓裡仍不安全，因為要是較低樓層被擊中，就會斷了逃生路線。幾次爆炸後，伯赫妲娜和父親成功找到避難所。

基輔約有五千處避難所，其中五百處適當的避難所為戰略性設施，供發電廠、工廠和醫院人員使用，其餘居民可以前往藏身處或兩用避難處，如地下停車場、地下室、地下通道或地鐵站。一月底，俄羅斯可能發動襲擊的消息頻傳，基輔市政府（Kyiv City State Administration）安全部長羅曼・特卡丘克（Roman Tkachuk）告訴RBK烏克蘭新聞網（RBK-Ukraina）[16]，自二〇一四年頓巴斯戰爭爆發以來，這些避難設施的數量增加了三倍多，他保證這些地方都在管控下，門上標記鑰匙持有者的姓名與電話資訊。根據特卡丘克，僅有百分之十九的處所未準備好，主因是所有人不願合作，若面臨如火箭彈襲擊等直接威脅，人們可以在這些地方待上幾個小時；其餘百分之八十一的處所可在內生存兩、三天。

這些數據很難令人信服，因為我與其他記者都不幸遇上未準備好的避難處。確實有標記藏身處，能在市府準備的特殊地圖上找到，但是藏身處的準備有很大的改善空間。其中一些上了鐵柵欄和鎖，根本進不去，有些還已經私有化成了商店、餐廳或倉庫，然而最常見的情況是垃圾滿佈、塵土堆積，沒有維護也沒有電，有時還會淹水，光是站在那幾個小時都很困難了，更別說待上幾天了。[17]

伯赫妲娜那棟樓的地下室情況也相同，沒有任何準備；狹小的空間裡擠滿了大人、小孩與動物。伯赫妲娜·赫伍柏去了附近的大學查看，因為這類建築通常有很深的地下室，她找到了三個大空間（其中一間是衣帽間）。那裡的條件明顯好很多，有通風系統與儲水，要是斷電也有自動供電系統，還有保全站崗確保沒有可疑人物進入。

確認完畢後，伯赫妲娜與父親回到家裡，帶上行囊與家人和鄰居一起去大學的地下室。離家前，為了以防萬一，他們在浴缸裡放滿水。

在大學的地下室裡，他們把墊子緊緊排在一起，再把從家裡帶來的毯子鋪在上頭，這就是他們近期內要生活的地方。伯赫妲娜在陌生人之間感覺不自在，睡得不好。那裡很擠，在他們的「房間」裡睡了大約一百個人，總共有約三百個人於大學的地下室「紮營」，有些人還有寵物。除此之外，伯赫妲娜沒帶讓她能一夜好眠的記憶枕。

大學的副校長也在樓裡避難，她盡力照料這些突如其來的訪客；確保飲用水充足，還找來充電器和延長線。她分送糖果給孩子們，幫助他們渡過這段時光，還聯繫到志願者為他們帶來食物。她也試圖讓緊張、害怕的人緩和下來，不讓他們成為彼此的負擔，並與在場的人約定，看管好自己的寵物、別讓孩子大聲看卡通，也別讓他們太歡樂，畢竟這不是個適當的時機。副校長同時與國土防衛軍保持聯繫，士兵們會通知她可能砲擊的時間，而她會警告大家待在地下，保持安靜、不要驚慌。

伯赫妲娜在地下的時候成功止住了恐懼，開始思考自己如何才能有所作為。她的父親幾乎在第一時間就與想幫忙守衛的居民們一同組起了志願軍——奧波隆一號軍。他們巡邏街道、抓破壞分子，要是有需要，他們也準備好投入戰鬥。市府宣布了長時間的宵禁，居民有大半天不允許出門，軍方在此期間重新部署城市防禦，調動軍事設備並搜索可疑分子。

伯赫妲娜和弗拉迪斯瓦夫走上大學一樓，隔著窗戶看外頭，不過大多時間她什麼也沒看到，要不是網路上有消息，她根本就不知道俄羅斯BMP裝步戰車在隔壁街上行駛。當自己身在其中，看到的要不是比較少，就是如從遠處看一般。路燈與家燈都會熄滅，這是當局的建議，以免幫助前進中的敵軍找到地標或易於辨認的目標，全國的道路標誌也因此被拆除或塗改，盡可能讓不熟本地的俄國人失去方向。這對兄妹逐漸適應昏暗中的光線，逐漸看清楚時，能瞧見士兵和志願者的身影在街區兜轉，也能聽見隆隆的引擎和履帶在夜色掩護下滑過的聲音。

伯赫妲娜的父親對此感到不樂觀，而她自己也是。她當然相信烏克蘭軍隊的力量與決心，但是她本身是那種總是往壞處想的人；與許多人相反，她不會幻想這只是場短暫的戰爭。

父親擔心守不住，擔心俄羅斯會入侵奧波隆；因為他們就在不遠處。幾天的戰鬥後，俄軍成功突破伊爾平河，奧波隆區的沃德洽森林（Pushcha-Vodytsya）爆發戰鬥，烏軍在環狀公路上挖戰壕、鞏固陣地。幾天前，伯赫妲娜住在基輔郊區的祖母來電，說她走出商店的時候看到十幾台坦克車，但不知道是誰的坦克，也不知道它們要去哪。令人不安的消息傳得很快，傳聞該區發現卡家軍（Kadyrovites）——效命拉姆贊．卡德羅夫（Ramzan Kadyrov）的車臣人，因對平民殘暴的行為而惡名昭彰——而白俄羅斯將提供支援予俄軍。此外，附近有座水力發電廠，要是被砲擊，水會淹沒基輔部分地區——包括奧波隆。軍方也告訴伯赫妲娜，他們一直在附近抓到破壞分子。她懷著等待最壞情況發生的心情，時間一分一秒過去，不過奇怪的是，赫伍柏一家壓根沒想過撤離計畫，他們就這樣等待著命運的安排。

伯赫妲娜從早上就開始傳訊息給朋友（多半是軍人），問他們一切是否安好，其中一些人身在直接衝突區。這個女孩一直盯著手機看，因為手機讓她覺得自己能有所作為。她問軍隊需要什麼。起初，他們說需要全罩式耳機來保護耳朵，因為分貝超過標準可能損害聽力，而在戰爭中這無可避免。這是廣大需求中的第一件物品。

伯赫妲娜在社交媒體上宣布她要募款。她會說明金流去向，物品送達時也會貼出士兵與新裝備的照片，通常用貓的貼圖蓋住他們的臉。她自己有些積蓄，所以先代墊購買裝備再募款，指望能籌到需要的數目。烏克蘭人荷包大開，許多人勒緊褲帶每個月匯來幾千荷林夫納，畢竟在面臨生存威脅時，家庭預算也算不上什麼了。她替自己的支援小組取名為「我要保護特種兵」。

伯赫妲娜也決定利用自己的國際人脈引起國際注意，以獲得額外的資金來支援士兵。她寫了一封信向巴西柔術選手呼籲聲援與幫助。這封信如下：

俄羅斯軍隊在殺害我們！

我與家人晚上都躲在避難處。俄軍正不分晝夜地轟炸基輔與其他烏克蘭城市，殺害平民、炸毀他們的家園，已有許多婦女與孩童死亡。所有我認識的人都在保衛我們的國家，或是自己的城市，我們為此都盡了全力。我的心都碎了。

令人難過的是，我們百分之七十的志願軍都是赤手空拳上戰場的，沒有任何武器。這裡我所說的不是幾百人，而是幾千人，因為上戰場的是從未準備參戰的人。

我不確定你們是否知道烏克蘭有多美，要是你們不知道，待我們戰勝時你們可以來看看。有些來過的人，雖然僅一次，就毫無疑問地愛上了她的美。我們獲勝後，衷心歡迎你們來。

因此，我拜託各位在Instagram、Facebook或任何管道分享消息，這對我們將是莫大的幫助。你們每個人在世界上都有許多朋友，而每一篇貼文都能幫助我們生存下去和獲勝。

我當起了志願者，幫忙準備士兵需要的用品，食物、醫藥用品等，要是你們或你們的朋友願意支持我做的事，支持我的烏克蘭度過這艱難的時期，我可以提供我的美元和歐元帳戶（會需要輸入我的地址，要是你準備好了，我會提供給你）。

靜待任何回應、幫助、支持，也請為烏克蘭祈禱。

感謝你讀完這封信！來自烏克蘭的愛，伯赫妲娜・赫伍柏。[18]

一些收到訊息的選手回應並分享了故事，支持伯赫妲娜。女孩認為每個人都要為自己的前線負責，所以她負責起巴西柔術的領域。正是這種人民的支持，或說這種看似微不足道的自我組織與行動意願，使俄羅斯在進攻上碰了釘子。

伯赫妲娜掉進工作漩渦，埋頭看手機取代了日常的鍛鍊行程。她機不離手，一直在讀訊息、看有什麼能幫忙、發出需求。每隔一陣子她的眼睛就會湧出淚水，因為她一直焦急地等待著朋友與親人回覆那句「一切都好」。火箭彈射擊像在簽樂透，砲彈掉在自己或家人身上的機率很小，但當你身在這「遊戲」之中時，已經活在了它的結果裡。

戰爭能在轉瞬間使熟悉的地方變得陌生，而這不只是因為破壞。基輔只有個別建築物遭火箭彈擊中，但是氣氛整個都變了。威脅可能潛伏在各個角落，可疑的汽車或企圖不良的人可能會從轉角處出現。不只國土防衛軍和被逮住的破壞分子可能隨時交火，有時也會有人中獎——火箭彈就掉在他附近。

因此，幾天後當伯赫妲娜第一次走上熟悉的街頭，要去兩分鐘腳程的超市買麵包時，她感到很害怕。她先問了軍人是否可以出去，在得到兩個鄰居同意後，她們走在本來熟悉但是現在卻很陌生的土地上。伯赫妲娜邁著不同以往的步伐，背也沒有挺直，猶疑地向前走著。警報聲呼嘯，她與鄰居們看地平線是否有煙霧上升，看是否有可疑人物在附近遊蕩；不知道會發生什麼事是最令人恐懼的，無法評估、無法看到或意識到的威脅是最可怕的。周圍有事發生時還能直覺地反應，沒有恐懼的空間，腎上腺素會領著你，但當肉眼無法看到威脅，就像夜裡走在陰暗的小路上，想像力就會運作。

超市前面長長的人龍站著百餘人。鮮少商店開業，不是所有人都買得到基本食品，像是麵包就越來越難買。伯赫妲娜的衣服不夠暖，而清晨又相當涼，商店放了幾個人進去，她也慢慢朝店門靠近。店裡的貨架幾乎被掏空，但她對此不特別擔憂，她的母親購物通常是為了補充儲糧，因此缺少食物對他們來說不成威脅。伯赫妲娜最驚訝的是，一人限買兩條麵包，她立刻想起至今仍怕餓到的祖母。那是烏克蘭社會深刻的創傷，許多家庭仍然記得一九三〇年代中期，在蘇聯政策下，當時烏克蘭的土地上有數萬人因反抗集體化政策而被餓死。這項行為在國際上被部分群體視為種族滅絕，但俄羅斯至今仍不承認這指控。

伯赫妲娜買了一些糖果，要是真有什麼事，糖分能幫助改善心情；她也買了讓他們整個人能正常運作的咖啡。

她遵守規則，只拿了兩條麵包，一條白的一條黑的，都還是溫熱的，聞起來很香，因為已經好幾天沒吃到新鮮的麵包，她和鄰居在路上就吃了起來，因此忘卻了可能潛伏在角落的危險。

在地下室裡的日子又過了幾天，基輔的情勢相對穩定下來，前線不再大移動，但是俄羅斯人仍在基輔門外。伯赫妲娜一家不再只出去準備食物，也開始在家裡待上幾個小時。他們約定好，要是情況嚴重就要回到地下，但若是不大的威脅，就去躲在走廊。

伯赫妲娜在自己的家裡感覺好很多，比較能放鬆，並在回大學地下室度過夜晚前喘口氣。她和父親一起把全罩式耳機送到基輔的軍營，這是她在二月二十四日以後第一次目睹自己的城市。雖然她從手機訊息上看過荒蕪的街道和無數的崗哨，但眼前的一切仍難以消化，很難去接受生命如空氣從被刺破的氣球中噴出，突然消失在這座城市。

戰爭把一切打亂。伯赫妲娜的生活曾經被運動填滿，從早到晚都在訓練或教課。她整天在不同的運動場所裡兜轉，上巴西柔道和混合健身課：把榻榻米換成橡膠板，或從關節技和絞技變為替槓鈴再添上槓片。現在一切都消失了。數學系畢業生有許多出路，但她沒有放棄運動，因為運動讓她感到開心。她喜歡競爭、比賽和踏上頒獎台。

現在，這些對伯赫妲娜完全失去了意義。困在地下室裡的她根本沒想過這件事，但她並沒有因什麼都沒做而感到遺憾。過往的日常生活好似被人拿槌子敲過而分崩離析，運動不再帶給她快樂。以前她參加比賽時，總能夠為了可以去到別的地方而感到開心，在那長時間停留、探索，或去更遠的地方認識新的人、觀察那些佼佼者。非團隊的運動總是會為自己設立目標——成為冠軍，但處在戰爭之中的伯赫妲娜主要考慮的都是別人，因此，她很難回到訓練室的墊子上。現在，她的首要任務是盡可能募集到最多的護目鏡、防彈背心、防彈板（最耐用，也最輕）、熱像儀、制服、手套、帽子、保暖內衣、迷彩裝、護膝與護肘、鞋子、汽油和醫務用品。每樣物品她都要了數十個，有些物品她募了好幾次，因為許多都已經破舊、損壞，或是士兵在行動中遺失。有一次，軍中有人傳來她送去的帽子照片，帽子已經被打穿，伯赫妲娜立刻又下訂一頂新的。戰爭時間拖長，季節更迭，因此需要更保暖的衣物和裝備，不過只要戰鬥維持在這種規模下，援助需求可能就會暫時減少。

現在她唯一的教學訓練，就是訓練碰巧有時間來上課的軍人。沒有訓練設備？沒問題。她改用手邊能拿到的器具練習，以樹枝當吊桿，以裝滿的背包、防彈衣、木塊當負重，混合健身這項運動起源於軍隊，所以她也使用了軍械。伯赫妲娜就這樣完成了整期的訓練課程。

隨筆　鑰匙

去年一月，我離開喀布爾（Kabul）時，忘記把朋友的公寓鑰匙還給他，等到發現時，我已經在前往華沙的路上了。他說沒關係，下次再還他。結果後來我每一陣子就去一次阿富汗。當時，引起喀布爾五百萬居民注意的是所謂的黏性炸彈，一種裝載磁鐵的彈藥，通常安裝在車下。有時一天發生多起爆炸，雖然不是滿載炸藥的致命汽車攻擊或自殺式炸彈攻擊，這仍有效地散播了恐懼。寬敞的公寓就位在市中心，兩房兩衛與廚房，朋友把這當辦公室，而我把這當睡覺與工作的地方。我常去附近的商店買東西，有時也會小聊一下。

八個月後我回到喀布爾，那時塔利班已閃電奪權。朋友不在了，他是在外國政府組織的撤離中，離開阿富汗的那十三萬多人之一。鑰匙留在我這裡，他已經不再需要了，因為他預計自己短期內不會回到喀布爾，荷蘭已成為他的新家。

我在國外時常在朋友家留宿，有幾個理由：第一，我很高興能見見他們；第二，有家的感覺；第三，我可以自己做早餐；最後是第四點——比住在旅館便宜。

當我到達基輔時，一位朋友留了公寓鑰匙給我。不常居住在基輔後，每次我造訪這座三百萬人口的城市，總是住在他那裡。公寓很漂亮，才跨過門檻我就聞到熟悉的氣味，勾起我的回憶。長走廊的左側是兩間臥室和廚房，右側是客廳，房間裡擺著木家具，架子上躺著書本和黑膠唱片。雖然路面坑坑疤疤，但這或許是我在基輔最喜歡的地方，我常待在那區的公園、廣場和咖啡廳裡。

俄羅斯入侵的那天，我住在哈爾科夫的朋友家。他們已經害怕這件事情會發生好一段時間了，女性友人本想買蕾絲窗簾，但想說在局勢穩定下來前先緩著；然而局勢沒有緩和，而是越來越激烈。哈爾科夫附近落下一些飛彈，那天城口就發生了激烈衝突，接下來的幾天裡，衝突持續。情侶朋友後悔前一天退掉了去利沃夫的車票，因為按照時刻表，火車在遇襲的一小時前就已出發，最後他們迅速打包，背上自己的背包，帶上狗和我一起前往基輔。我還想回到哈爾科夫，所以朋友們把鑰匙留給了我，這樣要是我回去，還能住在他們的公寓裡。他們只拜託我把衣物從滾筒洗衣機裡拿出來，並清空冰箱；因為他們來不及做這些事。他們去了烏西地區，而我回到了自己在基輔的公寓。

我沒再見到我的男性友人，他和伴侶去了鄰州。他有時間收拾打包，帶走了最重要的東西，因為就算他想，也不知道何時能回到這裡。我希望他和那對情侶的鑰匙以後仍能用上，也希望鑰匙不會被我放進華沙的抽屜裡，提醒著我這段關於失去的往事。

基輔郊區的戰鬥

火車站往月台的出口處，兩小時前就擠滿了人。他們試圖離開位在基輔西北邊，七萬人口的伊爾平；這座城市距離霍斯托梅爾不遠，經過激烈的戰鬥，霍斯托梅爾已經被俄軍拿下。

這座身為「首都臥室」的城市自入侵以來便是俄羅斯攻擊的目標，因為民宅屢遭砲擊，市府緊急宣布居民撤離。志願者從烏克蘭其他城市開車過來，幫忙載出有需要幫助的人。車身寫著「撤離」與「兒童」的車流，沿著兩軍發生小規模衝突而越趨危險的道路離開。一千多人以這種方式離開了伊爾平。

其他人則由市府安排的公車或私家車送到被炸毀的大橋。烏軍為了阻礙對基輔的攻勢，炸毀了這座橋。沒了連接伊爾平至首都的直接道路，現在得克服困難的路徑，這對於老者和攜帶許多行李的人是一大挑戰。居民沿著兩條狹窄的管道行走，手抓欄杆與繩索避免落河，軍人則在此過程中提供幫助。

三月初，居民也可以搭火車離開伊爾平，但僅適用於婦女、兒童與老人。「原本應該只有三節車廂，現在有五節。」阿爾特姆．胡林（Artem Hurin）說，「能載走多少人，就載多少。」

他是市議員，但現在手裡拿著步槍，臂上綁著黃臂章（用以辨認為烏軍），很難想像他原本是個公務員。

十六歲的柏赫丹（Bohdan）站在等候撤離的人群中，他只有一個小後背包，還有一隻躲在他衣服下的貓。他想去烏克蘭中部的波塔瓦，他有親戚住在那裡，戰爭尚未波及該地。「我在那裡可以正常睡覺，這裡情況太糟了。」這位青少年解釋。

同時他也說其實已經有點習慣了。砲聲在我們談話間響起時，他甚至沒有退縮。

柏赫丹的父親留在伊爾平。軍人早上到他家，向他解釋如果有需要的話，他得起身保衛城市。

「爸爸說我得收拾行李離開，所以我聽他的話。我的背包裡有保暖衣物、護照、文件、充電器、耳機還有一些小東西。」柏赫丹說，「我很擔心爸爸。」

他旁邊站著一個男人、他的妻子和三個孩子，那是五十一歲的歐維克桑德，他要送他的家人上火車去基輔，而自己要留下。

「我們會在這迎客。」歐維克桑德笑得很開，「國土保衛軍不收我，但我會跟朋友們一起組隊。」

烏克蘭出現了大量伯赫妲娜．赫伍柏父親組起的那種志願團體，他們要守護自己的家園；不過他們通常沒有武器，因此只能支援軍隊一些體力活、協助獲取該區的數據或資訊。

等待許久的火車駛入月台，人潮在國土防衛兵和警察的協助下流入車廂。有些人的行李很小，如柏赫丹，有些人帶上了大行李箱與包包。儘管火車比原本的長，但很快就沒位子了，並不是所有人都成功上車，那些被留下的人在驚恐中尋找其他逃生的路徑，或者回家等待下一班火車，只是火車會來嗎？這一點沒人能保證。

伊爾平的情勢越變越糟，為數不多的商店與藥局前拖著長長的隊伍，這些人決定要留下，並做好最壞的準備。北部與西部正發生戰鬥，伊爾平幾乎被切開，只有兩條線連接它與世界：穿越斷橋，以及一條通往基輔的環形公路。

在火車離去後，衝突越演越烈，砲火隆隆，整個城市都能聽到。伊爾平、布查、霍斯托梅爾和沃爾澤利（Vorzel）是基輔的城市群，現在他們成為首都的最後一道防線，被俄國人奪下將對他們的攻勢有利。從入侵的第一天起，俄羅斯軍隊就從邊境越過車諾比地區進攻基輔州，並有空降部隊降落到霍斯托爾的機場，激烈的戰鬥持續好幾天，這些城市中只有伊爾平由烏克蘭控制。俄羅斯人在攻擊基輔西部地區時，切斷了日托米爾與華沙之間的聯外道路（經科韋利〔Kovel〕到波蘭），同時也向基輔州東部推進，佔領了幾個村莊，向城市如布洛瓦利（Brovary）和波里斯皮爾（Boryspil）前進——烏克蘭主要的機場正座落於此。

伊爾平市議員兼布查市長顧問，米哈伊維娜・斯柯瑞克（Mykhailyna Skoryk）這天在該區處理各種事，忙得不可開交，從玻璃後只能看到她的金色短髮和保暖外套。三個星期後她將迎來自己四十三歲的生日。

米哈伊維娜其實早就設想情況會很嚴重，但是沒有人能夠預料發生在這片土地上的災禍有如夢魘。幾天前，她已經有所警覺，因此把六歲的兒子送往基輔南部，自己再回來監督本要運來必要物資的人道主義車隊；穀物、麵條、麥片和水這類基本物資已經很難在商店取得。

但是車隊被卡在烏克蘭的崗哨。她回城後不久，俄羅斯的坦克就切斷了伊爾平最後一條聯外道路。米哈伊維娜邀請我到她郊區的家裡等待衝突過去。她脫下保暖外套，但仍穿著橘色的抓毛絨衫，因為樓裡的暖氣已經斷了一段時間。

米哈伊維娜在「離開」與「留下」兩者間天人交戰，然而激烈的戰鬥使她決定離開。她開始收拾東西，首先在廚房兜轉，把櫥櫃裡的食物倒進包包裡。她有一些在伊爾平很難買到的東西，像是麵條、米、卡莎（kasha）和麥片。因為伊爾平並不是唯一一個商店貨架被清空的城市，她把能帶的全都帶上，剩下的東西送給決定要留下的鄰居；她的鄰居在頓巴斯戰爭期間已經離開過家園一次，因此堅持不要再次離家。米哈伊維娜還把一些嬰兒食品給了附近的醫院。

她在廚房裡走來走去，做了許多其實是不必要的事，打開櫃子一個個查看，舉手投足間能見到緊張、猶豫、擔憂與不確定；這些情緒同樣也寫在她臉上。全伊爾平的居民此刻大概都在經歷這種情緒風暴，他們不知道這會不會是最後一次看見自己的家園。

米哈伊維娜多年來都是積極分子和記者，因此朋友遍布世界，波蘭朋友也邀請她到他們那裡去。她是那種不論在哪都可以照顧好自己的人，她不覺得自己對這房子有什麼依戀；感情上也不會堅持就是這個人，要直到永遠。她也不對俄羅斯入侵感到驚訝，對她來說這符合二〇一四年戰爭的結果，她不相信對克里姆林宮來說，拿到克里米亞與頓巴斯就夠了。

就算如此，離家仍然是一個挑戰。這是她擁有的第一個家，這間房子讓她感覺自己完全獨立。她的丈夫於頓巴斯戰爭中最慘烈的戰役——伊洛瓦伊斯克（Ilovaisk）戰役身亡，一年後，她買下這間房，自己佈置家裡，在此度過許多年，與身為退伍軍人的伴侶以及孩子住在一起。因此就算是她，面臨決定時也很難冷靜分析，把能帶上的帶走，也意味著留下大部分的東西。你不會在小車裡放入最喜歡的床墊、舊櫥櫃或是收集了好幾年的小玩意，因為這些東西對他人全然沒有意義，但對你卻不同；它們與生命中某刻有所連結，能夠喚起你的回憶，因此強化對過去的記憶；就算是最偉大的旅行者，在被迫放棄家園時也會懷念。

伊爾平的戰鬥越趨激烈，大概過了三小時，隨著時間流逝，情況並沒有好轉，而是越來越不樂觀。不只能聽到砲火聲，還能聽見轟隆的坦克聲與步槍噠噠聲。聲音越來越清晰，好像戰鬥就在米哈伊維娜家窗外那茂密的樹林後，而房子在槍火中顫抖，好似水面陣陣漣漪。她家的一樓絕對沒有做好戰爭的準備，我們只能勉強擠在一堵小牆後面。

當聲勢稍微緩和，米哈伊維娜收拾好心情，告訴我該走了。雖然道路被切斷，但我們必須移動到安全的地方，她把我和司機留在負責照料撤離居民的基督教教堂，自己去父親家過夜，以便隔日離開城市。

教堂裡至少有兩百人，都是婦女、兒童與老人。志願者確保每個人都有地方睡覺，都有拿到熱飲、食物和點心。或許是教堂的光環，又或許是看起來堅固的牆面，這裡讓人感覺不那麼緊繃。孩子們在走廊上奔跑，人們捧者塑膠杯盤從偌大的建築物的這頭走到另一頭，找地方用餐。聽見的聲響只有震耳的砲聲。

教堂內突然躁動了起來，一位牧師發話，人們的談話聲漸漸靜了下來，最後只剩他的聲音。

「大家注意，有離開的機會了！請帶小孩的婦女現在立刻上巴士！」他對教堂裡的人群大喊。

喧囂聲很快又揚起，原本昏昏欲睡的人們現在全都匆忙準備。行李箱嘎嘎作響，綑綁在上的行囊碰撞著樓梯，巴士很快便坐滿，準備好撤離，然而牧師們卻收起了喜悅，因為不知道車隊是否出得去；軍方可能又再次撤回許可，他們不想冒險讓平民的車隊暴露在敵軍坦克猛烈的砲火之下。

幾台小巴士和汽車迅速開動，駛向通往日托米爾的道路，那裡已持續激戰了數小時，猛烈的砲聲一路伴隨著車輛，地平線後則冒出濃厚的黑煙，往日托米爾的路上站著烏克蘭士兵，有些人手持西方的反坦克武器。

這只是伊爾平戰鬥的序幕，最糟的還沒到來。兩天後，一輛空的撤離火車與火車站遭到砲擊。戰鬥的速度加快，俄羅斯人佔領了更多地方，包括部分伊爾平，正好是米哈伊維娜家所在的地區，她覺得已經沒有機會再看到自己的房子了。

伊爾平成為常規戰場後，很快就發現俄軍會對任何移動者開槍；無論是士兵還是平民。倖存下來的人描述伊爾平被俄軍入侵後的慘況，街上散落逃亡者的屍體。俄羅斯人朝標記

「兒童」和「撤離」的車輛射擊，把它們變成千瘡百孔的殘骸。砲彈、狙擊手與中型機槍射向那些冒險在樓梯間移動，試圖逃離戰爭地獄的人們。新建成的住宅區成了可怕的廢墟。洗劫的消息頻傳，據說他們運走洗衣機與冰箱。逃出的平民也提到肢體暴力與性暴力。戰爭中最糟的事情，全都在烏克蘭的土地上找到了出口，不過，這些現象的規模在一段時間後才浮出檯面。光基輔地區就有超過五千五百名平民遭到殺害[19]，當中有許多人的身分是花了幾個月才得到確認。布查、霍斯托梅爾、博羅江卡（Borodianka）和伊爾平的大屠殺，正是處在佔領威脅下的居民們可能遭遇的可怕惡行。除此之外還有戰爭初期就被包圍的馬里烏波爾，那裡死了幾千人（確切數字可能永遠也無法確認），炸彈被丟在人民躲藏的地方，他們沒有食物可吃，喝的是水坑中的水。許多之前說什麼也不走的烏克蘭人，因為看到馬里烏波爾和基輔地區的經歷而決定撤離。

通往日托米爾的道路無法通行後，唯一的逃生路線就剩已炸毀的橋。有人搭蓋渡河小道，讓人不用再從管道上過河，而是踏在濕漉漉、晃動的木板上。伊爾平河又冷又洶湧，每個想逃離致命威脅的人都不安地邁出腳步，而身後的人群提著包包、行李箱站在踏板上等待，臉上全是驚恐。世界又再次受到震驚，二十一世紀沒有讓人類變得更好，戰爭的恐怖還未成為歷史。

三月的某個早晨，第一批人要過河時，踏板上的雪結著冰，因為變得很滑，在板子上走動又更加艱難，年長者（逃難人潮的大多數）踏著緩慢的腳步渡河，有時因恐懼而停滯不前，擋住他人的去路。

有位老太太正好就是如此，嚇得不敢動，害怕地放聲尖叫，警察只好握住她的手，帶她走過踏板。沒辦法行走的人便由工作人員一把背起，或是以手推車推過去。「一，二，三，跳！」一名警察喊著，背上背著一名退休長者，他臉上的表情不只在鼓勵著老人，也在鼓勵著自己。河岸另一頭，警察祝一位靈活渡河的婦女一切都好，她微笑著感謝，但沒有放慢腳步；那天是三月八日。

「我很怕！」另一名女子說，警察牽著她的手帶她渡河。

「現在已經沒事了，你很安全。」一名官兵回答。

人們帶著那些來得及收拾且帶得了的東西渡河，有些人什麼都沒有帶，只有身上那套衣服，有些人則有行李箱、包包和後背包。許多人帶著自己的寵物狗、貓，要麼在寵物包裡，要麼抱在手上，或繫上繩鍊；狗也像人一樣害怕，不想走在狹窄的踏板上。

橋附近有小巴士在等待那些離家的人。兩天前，當人們朝著小巴士前進時，從俄羅斯控制地區發射的砲彈就掉在這裡，一家四口人，包含丈夫、妻子和兩個小孩命喪於此，行李箱還留在地上。小巴士把伊爾平的居民載到基輔去，他們可以從那裡搭公車去火車站。

六十九歲的瓦倫丁（Valentyn）與他七十歲的妻子娜迪亞（Nadiya）和三十二歲的兒子伊利亞（Ilya）下了小巴士；他們下車的地方，正是志願者首先在基輔搭起帳篷的街區，供周圍城市逃難者取暖或喝點熱飲。每一陣子就有人從橋下被帶來，在這裡等待被送去火車站。瓦倫丁一家人就站在那，太太正喝著塑膠杯裡的茶。伊爾平這裡的情況從幾天前開始就很糟，但是他們心存希望戰鬥會突然結束；正如它開始那樣，只是城裡的情況越來越糟，無法再自欺欺人，和平不會突然降臨。

伊爾平衝突的前幾天，瓦倫丁一家人躲在大樓的地下室，不過這個空間不適合待上長時間，裡頭的陰冷很快就讓他們感冒了，因此儘管戰鬥仍未停止，他們就被迫回到公寓療養；至少在那裡有暖氣，因為天然氣管道還在運行。他們聽見戰爭向他們逼近，俄羅斯人最後抵達他們家兩條街外；要不是天然氣被切斷，不然他們很可能還是會選擇留下。

「我們還有食物，但是已經沒辦法料理了。」娜迪亞說，「在天然氣切斷前，電和水就已經斷了。」

「沒有網路，也沒有訊號。」伊利亞補充。

「沒有瓦斯根本活不下去，我昨天來得及炒了六公斤的肉，所有東西都留給鄰居。我們有食物是因為有儲糧，卡莎就有好幾公斤，不過要怎麼煮才是問題。」娜迪亞繼續說。

接收不到外界訊息的他們，三天以來都與世隔絕，根本不知道那天在撤離，他們只是正好走向橋的方向，遇上了人群。接收他們食物的鄰居留在城裡，而這家人把最珍貴的東西塞進小後背包就離家了。

根據瓦倫丁的說法，留在伊爾平的主要是無法自己過斷橋的人，也就是高齡或是行動不便者。這座城市的居民距離渡河口好幾公里遠，多數人需要步行抵達，因為不是每個人都能幸運搭到車；零星行駛的汽車通常都已滿載，而且汽車也經常成為砲火的目標。橋未損毀的部分停放被遺棄的車輛；駕駛留下車子離開了城市。瓦倫丁一家人也在戰爭籠罩的城市中，走上那段漫長且危險的路途。

他們三人不知道該去哪裡，目前他們決定留在基輔，但是也不排除動身前往其他地方，他們在克拉克夫（Cracow）有家人，因此也可能去找他們。

我問瓦倫丁是否希望戰爭快點結束，他回答：

「首先，我希望它從未發生。」

烏克蘭以及全世界主要關注伊爾平與布查居民的慘劇，但在基輔東部的情況也不樂觀——又一波俄羅斯坦克和戰車試圖接近基輔，不過許多都被烏克蘭士兵變成了廢鐵，只是俄羅斯仍不讓步，持續投入更多部隊，並慢慢向首都附近的布洛瓦利移動，途經卡利尼夫卡（Kalynivka）。

接近下午四點，突然發出可怕的巨響，立刻就停電。六十一歲的安納托利（Anatolij）與他的妻子絲薇拉娜（Svetlana）迅速起身。安納托利走到外面時，看到他家的牆壁和車被破片打穿，不用檢查便知道自己的車已經成了廢鐵。樹枝倒在地上，砲彈打中核桃樹，鄰居伊萬（Ihor）很幸運，因為砲彈差點就撞上了他的家門。儘管如此，男人們也沒有想離開；安納托利從出生起就生活在卡利尼夫卡，他並不打算改變這一點。

幾個小時後，村莊又再次發出巨響，這次是火箭彈在空中爆炸成碎片，損毀安納托利家附近的幾棟房子。其中一棟的屋頂被開了個直徑約一公尺的大洞，破片打中正要和丈夫躲去地下室的老婦人，她失血嚴重，但幸好成功送到了醫院；然而經過了一天，醫生仍然在清除她身上的破片。

我們談話結束的幾分鐘後，聽到「冰雹」火箭炮系統發射的聲音；這是烏克蘭的砲彈，眾人聽到聲響很快就有了反應。安納托利、絲薇拉娜和伊萬匆匆進到地下室。

四十六歲的瓦德姆．布沃科特（Vadym Bulkot）還算幸運。破片毀了他的柵欄，而柵欄撞向牆壁，砸碎了一扇窗，飛進他妻子的書房，不過布沃科特把妻子和兒子送到烏克蘭西部去了，所以房間裡沒有人。

「這裡都是私人住宅，沒有軍事設施。」他說。

在這些砲擊後，布洛瓦利區卡利尼夫卡鎮公所，建議仍居於此區六個村的居民儘速離開。卡利尼夫卡位在基輔市中心東北方二十四公里處，有約四千居民，鎮上幾乎所有決策者都離開了，只留下了一位議員和鎮長，也就是布沃科特。為什麼他不離開？

「如果我把人丟下，那我又算什麼？」他用問題回答了問題。

在少數情況下（主要是哈爾科夫和盧甘斯克地區），地方首長會站俄羅斯那方，甚至幫忙尋找防禦較弱的道路，助俄羅斯入侵；不過在烏克蘭中部地區，就連已被佔領的城市首長都拒絕與俄羅斯合作。這是一個小鎮，大家都彼此認識，布沃科特一如戰前，盡力照料所有人，他唯一的改變就是身穿防彈背心。

在這之前，人們都是自行離開卡利尼夫卡的，轄區內幾個村鎮遭轟擊後，居民加快了撤離的速度。烏克蘭軍隊摧毀了附近一列俄羅斯坦克，不久前還很嚇人的機器變成了路上的一堆廢鐵。俄羅斯人從北邊推進，以在基輔周圍佔領更多陣地；佔領首都一直是克里姆林宮入侵烏克蘭以來，進攻的主要目標之一，俄軍在傷亡慘重的情況下緩慢朝卡利尼夫卡前進。

三月十號，市府安排了巴士載婦女、兒童與老者到布洛瓦利的火車站。他們可以從那裡去到基輔，再尋找前往烏克蘭較安全地區的交通工具。

「情況越來越糟，我們就在火線上。」布沃科特說，「要是一切平息，他們可以立刻回來。」第一班車十點離開，只有七個人上車。下午兩點的那班車有更多人上去，各年齡的婦女和帶著少量行李的兒童佔據了座位，很快就沒位子，因此後面又來了一台車。

「保重！保持聯絡！」一個女人哭著說，大概是在對母親說話。她抱了抱一位老太太。

「好。」她小聲回應。

布沃科特的眼睛滿是淚水，他轉身背對我和巴士，不讓我看到他感性的一面。

在滿載的車旁站了一群人，其中有兩個小孩。他們近期大部分的時間都在地下室度過，管道佔據了地下室大部分的空間，所以裡頭很擁擠，但是暖和又有電，大人會幫他們送水下去。六十八歲的柳德米拉．邦達雷瓦（Ludmila Bondareva）也站在人群中觀看撤離。

「昨天糟透了。整天轟轟響，火箭彈飛過我們頭頂，石灰灑滿地。」她回憶道。

她的聲音中斷，淚水從臉頰上流下來，邦達雷瓦指了指手上抱著小孩的母親。

「我們家有小嬰兒，三月一號才剛滿五個月。他怎麼承受得住這些？」她問道，啜泣了起來。

邦達雷瓦詛咒起弗拉基米爾・普丁和亞歷山大・盧卡申科，以及俄羅斯人。不久後，她為自己發洩無法控制的情緒而道歉。她無法原諒他們對她的卡利尼夫卡和她的國家伸出魔爪。她爆炸的情緒伴隨著砲火聲。

「我知道我們在打，但是有東西在這裡飛的時候，聲音完全不同。」她說。

她帶我去她的公寓，走過小廚房和狹窄的走廊，想讓我看看房間，還向我炫耀她的鸚鵡，開玩笑說那是她的黨羽。她給我看她七年前開始繡的聖像畫，這些畫幾乎完全佔據整個牆面，全都受過當地教堂的祝福。除此之外，她在當地民俗合唱團擔任獨唱已三十餘年。

「我們有哪沒去過？愛沙尼亞、拉脫維亞、莫曼斯克（Murmansk）、整個白俄羅斯都去了。」邦達雷瓦說。

她給我看樂團的照片，上面至少有三十個穿著彩色民俗服飾的女人，邦達雷瓦所說，大部分的團員都離開了，不過她不打算搬離卡利尼夫卡，因為這是她出生的地方。

「我會拿著聖像躺在坦克前面，但我不會離開，這是我的土地，是我的家鄉。我愛這裡。」她說。

我們離開她的公寓後不久，兩輛巴士在警方的護送下離開距離小鎮三公里半的布洛瓦利，那裡撤離的人們冷靜地離開，前往基輔。

四十三歲的謝蓋爾（Serhiy）、妻子、十四歲的女兒與四歲的兒子，正自行安排交通，打算離開位在卡利尼夫卡北邊約七公里的扎利斯西亞村（Zalissia）。這個小鎮被俄羅斯人佔領，正在那裡挖壕溝，因此謝蓋爾與妻子決定去平靜一點的地方。

他們往基輔的方向開去，後方是俄羅斯的陣地。他們聽見槍聲，很可能是對空鳴槍，當時謝蓋爾輕踩煞車，不過後來他踩穩油門想趕快離開，那時俄羅斯士兵開始朝他們的車開槍，子彈打穿了車身。後來他們肯定是用了更強的火力，因為破片呼嘯而至，謝蓋爾開著輪胎被打穿的車，帶著家人到布洛瓦利的醫院。

謝蓋爾坐在醫院的長椅上，頭上包著繃帶、手上的包紮看上去像紅白相間的狼牙棒。他在遇襲時斷了兩根手指，女兒身受重傷，手臂也有骨折，妻子和兒子毫髮無損。他們坐在醫院候診室的長椅上，無法冷靜下來。

僅在兩天內就有十八位平民被送往布洛瓦利的醫院，其中大多數人受槍傷或被破片打傷，有些人骨頭碎裂，最後得截肢；六個人死亡。

醫生雖然疲憊不堪，但他們擔憂的是，真正可怕的還在後頭。

隨筆　掠過頭頂的火箭彈

司機把車停好，我和兩個記者下車與國土防衛軍的志願者交談；他們在萊西亞庫爾巴西亞大道（Lesya Kurbasa Ave）設了崗哨。他們身穿平民服裝，腰間的黃色腰帶象徵屬於烏方，站在沙袋和混凝土柱後方。我們下車走了一段距離時，頭上響起火箭彈飛越「唰」的一聲，它正飛往目標，肉眼可見。一分鐘後，它撞上距離我所在地幾公里外的電視塔，造成五人死亡，另有五人受傷。那裡剩下破碎的建築、焦黑的屍體與散落的碎片。

手無寸鐵的志願者雖然對火箭彈無能為力，但沒有人因此而害怕，甚至根本就沒注意到火箭彈飛過；好像這不是俄羅斯全面入侵的第六天，而是一個月；他們已經熟悉了一切。四十六歲的羅曼（Roman）幾天前才裝了電動門，因為具備軍事經驗與領導力，他被任命為這個崗哨的指揮官。志願者負責檢查車輛，若有任何可疑之處再對車上的人進行盤查。所有的士兵都來自這區，有些人是在這裡長大的。

「我們要保衛我們這區。」羅曼說，「我們的家人都在家裡，但我比較希望他們撤離，我們在這裡是為了保護他們的安危。」

我問羅曼，面對掠過他們頭頂的火箭彈時，他們該怎麼辦。

「要是有必要，他們會配給我們武器的，到時武器就會是我們的手、頭和靈魂。」他說。

他還沒說完，我們頭上又響起了噴射引擎呼嘯而過的聲音，火箭彈飛過我們上空，羅曼甚至沒有抬起頭。

「沒什麼好怕的，要是落在我們身上，我們反正也聽不到。」他平靜地說。

他認為為祖國而死是一種榮耀，也準備好為祖國的未來犧牲。他還說，有時候整個社會必須面對考驗，共同讓國家變得更好；那句話被火箭彈爆炸給打斷，但他甚至抖都沒抖一下。

鋼筋混凝土

四十五分鐘內，電話響了超過四十次。特蒂亞娜．荷烏波娃的手機收到無數的訊息，全都是尋求幫助的人。她劇場裡的人幾乎在一夜之間就組成了非正式的援助小組。

自從特蒂亞娜把電話號碼放上其中一個平台後，她的號碼就在網路上瘋狂轉傳。烏克蘭東部擁有一百五十萬人口的哈爾科夫，及其周邊地區的需求相當龐大，雖然許多居民已經離開，位在砲擊區附近的地鐵站和地下室仍人滿為患。

基輔地區則是擔憂戰爭會直搗市區，居民們生活在這種威脅下，一直有種事態會越來越糟的感覺，而在哈爾科夫，這種感覺已成為現實。戰爭在郊區激烈進行，市中心也能感受到。空襲不斷，火箭彈不停落下將城市夷為平地，哈爾科夫因接連的爆炸而顫動。

當第一波動盪緩和下來之後，特蒂亞娜聯絡奧勒．卡達諾夫，他在俄羅斯入侵前一天信誓旦旦地說會留在城裡幫忙，而她也想做些什麼。那是全面入侵的第三還是第四天，她去到市中心的一棟建築裡，接下來的兩週都沒有離開過。

奧勒自二〇一四年起就在前線，幫忙載運物資並為軍隊表演，因此他有人脈，知道誰需要幫助；除此之外他也經營各種社交媒體，在入侵之初便開始募資。

特蒂亞娜傳訊息聯繫奧勒，說她留在哈爾科夫，想要幫忙，第二天他告訴她自己在組織志願者小隊，已有其他幾個人決定加入。他們很快就到特蒂亞娜家去接她；車速很快，司機快速穿過混凝土柱，燈沒有亮，黑暗籠罩著完全空蕩的街道，不知道會遇上什麼。一如基輔的伯赫妲娜，特蒂亞娜也突然感覺自己的城市很陌生。

她的幾個朋友和劇場的人也來了，包括演員及音樂家，斯塔斯．柯諾諾夫（Stas Kononov）、演員尤莉亞、音效師安東（Anton）。他們一開始聚在奧勒的女友，安娜的家，後來搬進市中心的一棟建築裡，並想好小組的名字——SzOK Kulturowy（文化衝擊），SzOK是「奧勒．卡達諾夫部隊」的縮寫。兩個劇場本來有七十名員工，現在僅剩四名，還有幾個人在幫忙分發物資，或是在其他暫時安全的城市協助後勤。

在安娜的公寓集合時，他們還沒想好這小組要如何運行，甚至不確定幫助的對象，是只幫忙軍隊，還是也幫平民，沒想過幫助的規模應該要多廣；一切都是船到橋頭自然直。

奧勒在他的社群媒體上貼文說他們是志願團體，可以提供幫助，並附上三個電話號碼：

安娜、尤莉亞和特蒂亞娜的。貼文很快就被轉到哈爾科夫最多人看的媒體平台上，並表示這是哈爾科夫人道救助小隊的聯絡方式（雖然他們從未這麼描述自己）。從那時候開始，情況就失去控制，他們的電話號碼被大量轉傳，電話每五分鐘就響起一次，收到幾百封簡訊和手機訊息。

一開始志願者們做事非常仔細，花上許多時間在回覆電話和訊息，這當然也造成了大延遲。通常他們收到的是食物與醫療用品的請求，他們把需求都寫進谷歌的工作表單，以便司機可以將需求物品送到。整個獲取幫助與提供幫助的行為都是自發性的。

他們迅速組成車隊，準備前往哈爾科夫偏遠的角落幫忙；有些人提供免費的汽油，因此他們不必擔心目的地的位置。特蒂亞娜的朋友把店關了，把所有剩下的食物都給了他們，還有人提供了半噸的卡莎；有人會直接找上SzOK，說他們也想加入志願者一起幫忙，他們就是知道這些援助團體位在哪棟樓裡，而這不只發生在SzOK身上。

許多突然成立的援助團體都從朋友，或素未謀面的陌生人那收到各種物資。通常關店的咖啡廳或商店老闆會給出他們所有的物資。其中有不少令人訝異的東西，比如說收受人得到的不是牛奶而是椰奶，特蒂亞娜看到退休人員與幾箱植物飲料合照時，她想：「哦，真前衛。」

有時業主會提供自己的地下室空間作為避難處，那些離開的人則提供志願者或軍隊盡可能多的金錢；大概有點想減輕罪惡感。哈爾科夫如基輔，兩地都經歷了一段需要團結才能撐過生存威脅的無私奉獻時期。

特蒂亞娜在工作的視窗裡常看到同一批人，正是因為這些人的人脈，他們才能安排行動。每個人都認識某個可以提供幫助的人，在這樣的援助網絡下，他們甚至拿到了幾天前想都不敢想的物資。

「我身旁仍是以前那些人，只是現在我們不談演出，而是在想需要哪種防彈背心。」特蒂亞娜說。

從早上六點，也就是宵禁結束時，她就開始開箱收到的物資並與司機和其他志願者協調，確保他們的支援能送到盡可能多的人手中。晚上六點宵禁再度恢復，特蒂亞娜對這種強迫休息感到開心，因為至少那時沒有人可以來找他們，或突然帶來什麼東西；那時小隊成員會總結並計畫隔天的工作。直到晚上她才有時間看新聞，看到俄羅斯攻勢失敗、砲擊毀壞建築物與其受害者的消息。

雖然有很多問題，但人們提出的援助需求超出志願者的能力範圍時，最令人感到無能為力。

「宿舍地下室躲了三百人，請幫我們送些食物。」

「如何帶親人去俄羅斯？」

「我的公寓裡有一顆火箭彈，我該怎麼辦？」

「我的房子毀了，我該住哪？」

「我的丈夫病得很重，需要藥物。」

特蒂亞娜在兩天後，終於回應到最後一個請求時，這名女子回她：

「不需要了。他死了。」

這一切如浸入海綿般，浸入了特蒂亞娜的心中、留下了痕跡。最糟的感覺就是無能為力。突然落在她身上的巨量工作也抑制了恐懼和焦慮。到目前為止，特蒂亞娜害怕了兩次。第一次是分揀物資時，一架飛機飛過他們頭頂，她的團隊中有人大喊：「趴下！」她照做，雖然引擎的轟鳴聲很快便消失，但她的手顫抖了許久。第二次是隔壁大樓被火箭彈還是其破片擊中，她完全被嚇壞了，那起爆炸非常可怕，地面都在震動。

除此之外，她覺得一切都還好——不知道在戰時是否適合說這樣的話。她可以忍受砲彈聲，而一天響起好幾次的警報聲，對她而言已像汽車的噪音或地鐵的轟隆聲，是城裡正常的聲音。死亡或破壞的消息雖令她沮喪，讓她一整天感受很糟，但沒有因此癱瘓她。

「在這裡我可以發揮作用，好好做事，大概要戰爭結束，或是我離開這裡時，我才能感覺到我經歷了什麼。」特蒂亞娜說。

那些離開哈爾科夫的朋友也有這種狀況。他們要是還待在城裡，也與親人保持聯繫，他們就依然還可以參與援助工作而不是閒暇無事，但當他們離開，所有的情緒都會排山倒海而來，好幾天都無法做任何事，有些人會止不住哭泣，有些人則陷入麻木。

「我現在沒時間去想那些。」特蒂亞娜承認。

就算是些悲劇的時刻，她也能回過神來。不久前砲擊時死了兩個與他們組織有關的司機，特蒂亞娜歸納出結論：

「你才和某人講話，第二天他就死了。若他們是軍人還比較容易釋懷，在軍人的崗位上，生命比較容易受到威脅，但那兩個人畢竟是平民。到了晚上，我開始思考並問自己，這一切何時才會結束。但到了早上，不知何故，一切又雲淡風清。」

大量的工作能蓋過負面情緒，但長久來說還是令人吃不消，因此他們時常直接把google的工作表單傳給有需求的人，直到後來有更多人加入團隊，他們才漸入佳境。

特蒂亞娜在某棟寬闊大樓的地下室裡度過夜晚，在斑駁的牆壁間鋪上地毯、木棧板、墊子、棉被、毯子和睡袋。部分團隊睡在樓上，有人甚至還睡在窗邊，完全聽天由命，而她選擇避免不必要的冒險，所以睡在地下室。早上她通常快速吃完早餐就上工。

直到二月二十四日以前，特蒂亞娜把大部分時間都放在演出、音樂會或與朋友出遊，不過她是比較內向的人，很重視與自己相處的時間，需要在無人打擾、不需互動的空間裡安靜閱讀或是看電影；自俄羅斯入侵開始，她所有的私密時光都隨之消失。她與另外三人睡在狹窄的走道上，樓裡總是有人在兜轉，無論日夜，他們會突然出現，或是索要些什麼東西。矛盾的是，這並沒有讓她惱怒，而是幫助到她；在一群思維相似的人之間共事，讓她更容易度過這艱難的時期。

她沒有帶任何東西，因為奧勒去接她的時候，她以為自己晚上會回家，然而她已經兩個星期沒回家了。小組的人給了她一些內衣褲和換洗衣物。她在那之後第一次回公寓時並沒有感覺特別開心。她坐下看看自己的房間，問自己：「我在這裡要做什麼？」坐在桌邊沒有什麼能做，她也看不下書，每讀幾段就開始檢查手機。她唯一能聽進去的音樂是現代哈爾科夫音樂，主要是奧勒．卡達諾夫和斯塔斯．柯諾諾夫所屬的捷樂團，以及最有名的哈爾科夫作家，謝爾蓋．查丹（Serhiy Zhadan）所做的音樂項目。特蒂亞娜會彈吉他，但她認為現在的心情不適合，這時甚至連自己的床都無法取悅她。第二天，她打包電腦、一些衣物就回到小隊上，繼續在睡袋裡度過夜晚。

第一週，大家什麼都做，後來才開始分工；這也是自然發生的。奧勒和安東為軍隊送物資，安娜負責安排藥品；此前藥品已經被分類好並存放在相應的位置。斯塔斯負責汽油，特蒂亞娜確保倉庫裡總有食品，而身在其他城市的志願者負責召集人們。隨著時間過去，SzOK在各區找到志願者，如此就能簡化救援物資送交的過程。三月中時，這個毫無頭緒的小隊成了蓬勃發展的組織，每天為四千平民與軍人提供所有必要的食品、藥物，以及在飛彈與火箭彈摧殘的城市裡生存所需的裝備。

特蒂亞娜．荷烏波娃決定留下來幫助平民、協助保衛國家與城市的士兵們還有一個原因：她全家人都留在哈爾科夫。

「我不想烏鴉嘴，但要是發生了什麼事，我在哈爾科夫外就完全幫不上任何忙。」她說。她和妹妹每小時傳一次簡訊，當天空出現飛機時，她會立刻問她，一切是否沒事。她最擔心的是六十九歲的祖母卡特琳娜，以及七十三歲的祖父維歐尼德（Leonid）。兩老住在哈爾科夫東北邊的薩爾提夫卡區（Saltivka），那裡經常被俄羅斯砲擊，蘇聯時期建造的街區被摧毀，城市逐漸成為廢墟。

薩爾提夫卡是全烏克蘭最大的住宅區，截至二月二十四日，這裡住有四十萬人，也就是超過四分之一的哈爾科夫居民，數量比赫爾松（Kherson）、切爾尼戈夫或波塔瓦等州的首府都要多。該區高樓林立，主要是蘇聯時代建造的，並分為薩爾提夫卡與北薩爾提夫卡。兩區在入侵以來都遭砲擊，但北薩爾提夫卡遭受的攻擊較多。火箭彈弄碎窗戶，在牆上留下孔洞，火災造成牆面被覆上一層黑，聚落的生命被剝奪（亦是字面上亦是比喻上），因為不止許多亡者與傷者，街區與院子也遭蹂躪，只剩下孤苦伶仃、無處可去的人們，還有被主人丟下而餓肚子的狗；以及廢墟。

因此，就算特蒂亞娜不想聽到誰離開哈爾科夫，她還是希望祖父母可以去安全的地方。她勸了祖母卡特琳娜與祖父維歐尼德許久，但他們都無動於衷。儘管卡特琳娜難以忍受，他們仍在城郊那棟遭受攻擊的十一樓公寓頂層，度過了一個多星期。

「就像生活在火山上。」她承認，「不過有些鄰居留在一樓，我們下面還是一直有人住。」要一夜好眠是不可能的，因為火箭彈有時會飛經離她不遠的地方，要不就是聽見槍聲、呼嘯聲或爆炸聲，她在夜裡一直醒來。在哈爾科夫三十五天的戰鬥中，有一千五百三十一幢建築物損毀，其中多數為民宅，也就是約有百分之十五的市民為其所苦。[20] 烏克蘭國家緊急服務中心（State Emergency Service of Ukraine）表示，至三月十六日止，哈爾科夫有超過五百名平民死亡。

「就算這樣，我們也不會離開這裡；無論你去投靠的人跟你有多麼親近，那裡終究不是你家。」卡特琳娜說。

特蒂亞娜一直在為祖父母尋找更安全的住處。某天有個住在哈爾科夫附近城鎮的朋友打電話給她，他說他要離開，但想留下鑰匙把房子交給有需要的人。特蒂亞娜想了想，認為她應該試試看，所以她打電話給卡特林娜祖母，並說服她許久。一開始祖母斬釘截鐵地拒絕，但是在和丈夫溝通後便同意。特蒂亞娜安排好一切事宜，原本應該有車去接他們，而城裡會有人拿鑰匙給他們，但在出發的那天，房子主人打電話給特蒂亞娜，問她怎麼不見祖父母的蹤影。她打電話給祖母，結果她聽到的是：

「我們改變主意了，我們哪都不去。」

卡特琳娜和維歐尼德的處境並非特別危急。哈爾科夫各區的情況有所不同，在最糟糕的地方時常已斷電且沒天然氣，並且不總是能收到外界的幫助，有營業的商店和藥局也距離甚遠，而哈爾科夫最平靜的地方是市中心周圍，戰鬥的聲音基本上不會傳到市民耳邊。

在卡特琳娜和維歐尼德的公寓裡，一切都正常運行，他們有吃的東西，也可以購物，只是多數商店和藥局都已關閉，供給比較吃緊。在仍開業的商店前，每天都有長長的隊伍，貨架越來越空，有些商品很難買到，所以有些人宵禁一結束就動身，想在最快的時間內獲取所需物品。

卡特琳娜某天在超市排上至少三小時的隊，上街排隊伴隨著爆炸聲，但她與隊伍中的人都沒有一點反應，沒有人想空手而回；卡特琳娜那天還得買些藥，但那天藥局沒有電，必須現金付款，只有這間連鎖超市還可以提領現金，因為提款機和銀行都已關閉許久。

俄羅斯上週在烏克蘭北部的切爾尼戈夫轟炸了排隊買麵包的人們，至少有十人死於這場攻擊。

「結果我忘了買心臟藥，這是現在最重要的東西，我又得去排一次隊。」卡特琳娜說。每一陣子就會有東西提醒她注意安危，像是路上一台不久前才經過的車，在砲擊後燒毀。

「那些火砲聲還能忍受，但從天上掉下來就是另外一回事了。」她跟她的孫女一樣，認為飛彈轟鳴聲和空投炸彈是最恐怖的。

特蒂亞娜最後放棄說服她的祖父母。

「大家都是成年人，有自己的想法，他們都這樣決定了，我也不能強迫什麼。」她說，「我知道可能會出事，但我無力與他們爭執，所以我只能接受。」

目前她還沒有時間去看她的祖父母，工作多到她只離開過小組一次，因為她的妹妹生了小孩。哈爾科夫每晚落下的炸彈與火箭彈造成可怕的損失，儘管如此，特蒂亞娜像她的祖母卡特琳娜一樣堅決，她不會離開。

「我只會在俄羅斯要佔領城市的時候才會離開，但願不會發生。」她說。

她不相信這天會到來。

哈爾科夫人的堅毅成為藝術家派翠克・卡桑內爾（Patrik Kassanell）的靈感。俄羅斯入侵後，他便開始做非官方的城市標誌，一開始他就想好了上面的建築——建構主義的工業宮。他把它變成一座城堡，帶有飄逸的烏克蘭國旗，再用現代戰爭象徵堡壘的五邊形圍住這座城堡。灰色的工業宮象徵城市居民面對困難始終保持韌性，不過卡桑內爾還缺一個元素，而這元素在最意想不到的時刻到來。某次空襲後，藝術家躲在浴室裡，他的心臟撲通地跳，在以膠帶黏住的鏡子上，他看到了自己的眼睛，這句話便在腦中浮現：「哈爾科夫——鋼筋混凝土」。[21]

這個標誌不只在網路上傳播，很快地也出現在貼紙、衣服、士兵的徽章和志願者的防彈背心上，他們相信，既然哈爾科夫扛住了突如其來的強力打擊，它也能扛住任何事情。

隨筆　紅色羽絨外套

前自行車手，五十七歲的伊萬與小他三歲的妻子茵娜（Inna）住在北薩爾提夫卡。他們的公寓位在八層樓的大型板式建築裡，這種建築在這區隨處可見。一九八九年十二月，大樓甫竣工伊萬便搬入，他認為北薩爾提夫卡是個優秀的地方。雖然樓與樓間的鄰居大部分互不相識，但他那棟樓裡大部分人的感情都很好，包括不同世代的族群。居民們會去附近的池塘釣魚、游泳，或者與親朋好友聚在一起烤肉。

茵娜之前住在市場與地鐵站附近的十字路口，那裡的交通對她來說擁擠得像蟻窩，搬到北薩爾提夫卡後，她意外地發覺高樓間竟如此寧靜，街區內幾乎沒有城市的喧囂。

「這是個超級好的地段，像療養中心一樣寧靜。我們哪都不用去，這裡什麼都有。」伊萬說。

他們很難相信北薩爾提夫卡會在一夕之間變成地獄。

幾個月後，伊萬和茵娜已經能笑著聊起第一次砲擊，但當時他們可一點也不開心。他們當時找不到可以買到麵包的商店，走過穿越社區的大街時，茵娜正在對丈夫說話，火箭彈就在那時發出咻咻聲——這是他們回憶中的聲音——接著便爆炸，發出尖銳巨響。那時茵娜繼續說話，好似什麼也沒發生，但伊萬消失了。她轉過身，過了一會才看到丈夫趴在地上。

「趴下！」他大喊，茵娜蹲了下來。

「你為什麼坐著？」他趴在人行道上繼續大喊。

「我穿新外套。」茵娜指著自己身上的紅色羽絨外套。

不久之後，衣服這種小事對她來說已無關痛癢，她和伊萬學會立刻反應。每當聽見令人不安的聲音時，他們便立刻趴倒在地並摀住耳朵，就這樣緊貼在地上，直到威脅過去。

「經歷過一枚火箭彈飛過、爆炸、地面晃動的經驗就已經夠糟了，這邊一天掉下來的是二、三十顆，我甚至不記得有少於這種次數的時候。」伊萬說。

他們學會在沒有水、電、暖氣的狀況下生活，身上穿著多層衣服以免凍傷，在街上用火煮飯。茵娜的紅色羽絨外套雖然又髒又破，但還是十分保暖的。

家不可能裝進行李箱

俄羅斯發動襲擊的兩天前，瑪麗亞（Mariya）和德米特羅（Dmytro）在公寓裡緊張地走來走去，菸一根接著一根地抽，大概每隔半小時就改變心意，無法決定要離開哈爾科夫還是留下。為了以防萬一，他們買了去利沃夫的火車票，把東西胡亂放進行李箱和紙箱裡。二十七歲的瑪莉亞（她不想給姓氏）打包了兩件最喜歡的洋裝，鞋子則選了最好走的，因為穿起來最舒服。現在她覺得很遺憾自己忘了帶一盒相片。她腦中有個想法，覺得可能不會再回到住處了，甚至也回不了哈爾科夫。

「我覺得自己有點懦弱，我離開了我關心的一切和我所愛的人。」她承認。

儘管在俄羅斯進犯的兩天前，許多人仍以為不會真的發動襲擊，直到弗拉基米爾・普丁宣布承認頓涅茨克和盧甘斯克兩個魁儡共和國後，德米特羅的心裡才亮起了紅燈。瑪莉亞和德米特羅認為，這與二〇一四年開始便持續升級的頓巴斯衝突有關，而哈爾科夫毗鄰頓巴斯，因此很可能成為下個目標。

火車出發前半小時，瑪莉亞的父母來到她的公寓。她把鑰匙交給他們，這是她多年來第一次在他們面前淚流滿面。他們快速前往火車站坐上火車，沒有告訴任何人，一個多月後，仍沒回到被定期轟炸的哈爾科夫。

因為俄羅斯的入侵，約有一千到一千五百萬烏克蘭人被迫離開自己的家園，不知道何時能夠歸去。

二〇一八年時，瑪莉亞和德米特羅還住在別的地方，某次散步時經過他們現在公寓的街區；瑪麗亞不想透露確切的位置。他們看著其中一個陽台，其中一個人說：「住在那裡好像很不錯！」瑪莉亞喜歡這區，因為許多朋友都住在附近。人算不如天算，不久後他們就租下了那間在街上看到的公寓。

房子的狀況很糟，但房東要的租金不多，還允許他們在室內做改動，所以他們用自己的錢慢慢改造。比如說，德米特羅在去年下半年把陽台整頓好，那時天氣已經轉冷了，但是這對情侶很期待春天來時可以在那坐坐。

「翻修不是自己的公寓很累，但你若有熱情，這件事其實很不錯。不過當你開始覺得，這不是你自己的房子，也不知道會在這裡待上多久時，會開始產生懷疑。」瑪莉亞說。

儘管如此，他們仍不斷在想還有什麼要改變的。他們花了很多時間重新安排家具，找到最適合的位置，把別人的公寓弄成自己的。瑪莉亞在一間資訊科技公司上班，這間公司採遠端工作，因此她大部分的時間都待在房間裡，所以她把房間改造成小辦公室，擺上辦公桌，每天坐在桌前好幾個小時。

「你屬於什麼地方，那裡就是你花最多時間的地方，是你的家；而我會說就是整個哈爾科夫。」他說。

對瑪莉亞來說，家是親近的人所在之處。

他們在公寓裡留下的東西有：掛在牆上的腳踏車、晾著的衣物、海報、植物，以及幾箱東西；或許未來有人可以轉交給他們。其中一位有鑰匙的朋友把他送給瑪莉亞的生日禮物收到床底下，那是哈爾科夫藝術家哈姆雷特（Hamlet）的作品，上面寫著：「我是沒有東西可賣的銷售員。」

瑪莉亞以前常自己去旅行。幾年前，她去了美國，在未知的地方公路旅行，但她的錢不多，所以寄宿在別人家裡。

「這次也很像，但是有點不同，因為我不確定我要回到哪去。」瑪莉亞說，「我想相信一切都會好起來，但我不知道事態會怎麼發展。」

四天以後，瑪麗亞離開利沃夫，去了波蘭；而德米特羅留在加利西亞（Galicia）的首都。她不想離開烏克蘭，但是近幾個月她的免疫系統出了問題，為了不成為他人的負擔，只好離開。前三個星期她在華沙度過，住在她哥哥的公寓裡等她的父母；他們後來也離開了哈爾科夫。最後她去了柏林的朋友家，因為波蘭離烏克蘭太近，她常常想著要回去。

她在柏林找到了平靜。她想靜下來處理那些必要的行政流程，以在申根免簽期限滿九十天後能待下來。若是一切安定下來，她找到工作就會待在柏林，不然就得動身前往更遠的地方。她目前住的公寓只能待一段時間，所以她也在找租屋處。

「我得找到一個可以待久一點的地方。」瑪莉亞說。

新家會成為她的家嗎？

「不，我只有一個家。」

三十三歲的特蒂亞娜・德赫特羅娃（Tetiana Dehterova）在哈爾科夫一間明亮且景緻優美的公寓裡住了超過二十年。一開始她和父母同住，後來則和丈夫丹尼斯（Denys）一起。她的父母搬出後，這對夫婦徹底翻修了公寓，只剩下浴室還未完成；他們原本近期要動工，特蒂亞娜現在很高興他們還沒開始。他們會在哈爾科夫跳蚤市場尋找居家裝飾，也從他們造訪的其他城市，像是波蘭、德國或賽普勒斯帶回一些東西。每件物品都同樣珍貴。「全部的東西，大至家具，小至蠟燭都是我和丈夫一起選的。」特蒂亞娜回憶道，「要是這間公寓是租來的，我們大概不會這麼喜歡。」

寬敞的公寓裡井然有序，只是有些東西有了變化；這能從貼住的窗戶、躲在安全角落的植物和拆下的鏡子略知一二。

特蒂亞娜日常運作的支柱是公寓裡的秩序，以及每天安排好的計畫。她在家裡工作，所以她得讓一切有條不紊，這樣日子才不會平白無故地過去。她希望周遭環境成為她的靈感來源，因此她喜歡在工作休息時間看看窗外的哈爾科夫，觀察在建築物中突出的五座教堂。

特蒂亞娜在一九八六年車諾比核災的受害者救助中心工作，除此之外該組織還收集受害者的故事。二〇一四年，當頓巴斯戰爭爆發時，有許多難民從戰區來到哈爾科夫，他們中心從那時起也開始為難民提供幫助。

特蒂亞娜承認這很諷刺，她負責的是內部難民業務，自己竟也成了其中之一。

二月二十四日以後，他們只在家裡待了一個晚上。隨著戰況愈加激烈，特蒂亞娜和丹尼斯帶上換洗衣物、牙刷、牙膏、肥皂，前往附近建築的地下室。

「在應該要感到安全的地方，我卻感到威脅，認知上有點不協調，那時很無助。」特蒂亞娜說。「在這個新的現實裡，有些事情並不是我們能控制的。」無論多積極，哈爾科夫沒人有辦法為自己的家做些什麼。他們可以動起來，組織志願者網絡、幫忙人道事務或是支持其他人，但是他們無法控制飛機投下炸彈或火箭彈。

戰爭初期的情況恰好相反；留在城裡的人越堅決，受到的攻擊似乎越猛烈。三月初，炸彈落在哈爾科夫的中心。特蒂亞娜和丹尼斯待的地下室裡，砲聲隆隆且搖晃，很難不覺得外面還有東西沒倒。他不想離開，但特蒂亞娜處在精神崩潰的邊緣，所以下了最後通牒：要她還是城市。

他們帶著最重要的東西，離開了公寓，這對他們來說相當困難。

「我拿了藥、換穿的鞋子、衛生用品，畢竟沒辦法把整個家帶走。房子裡的每個細節我都很愛，所以我留下公寓的時候，感覺好像某部分被奪走了。我可以為旅行打包，但是我不知道要怎麼把整個家裝進行李箱。」特蒂亞娜說。

她很後悔沒有帶手縫的老大衣；這是她們家的傳家寶。要是還能帶上更多東西，她會帶平常吃飯的盤子，因為這樣能讓她覺得自己離家更近一點。

特蒂亞娜和丹尼斯在途中多次停留，最後抵達烏克蘭中部的赫梅利尼茨基（Khmelnytskyi），在那租下一間舒適的公寓。這裡與哈爾科夫相比是無比的安寧，不過特蒂亞娜仍時常想著她的家鄉和房子。她想回去。她醒來的時候會反應不過來，不知道自己在哪裡，需要一些時間才能意識到這不是她的床，也不是她的臥室。

「所有在烏克蘭的人都覺得如履薄冰，隨時可能一無所有，也不知道何時可以再睡在自己的枕頭上、蓋著自己的棉被、躺在自己的床上。」特蒂亞娜坦言。

娜塔莉亞和男朋友謝爾蓋、貓咪奇莉拉（Cirilla）離開哈爾科夫的時間，大致與特蒂亞娜相同。二十七歲的娜塔莉亞是哈爾科夫科技大學的博士生，也是空中特技與體操教練。

二月二十四日那天，她也如城裡其他人，在五點時被爆炸聲驚醒，不過她並沒有想到是戰爭開打。她打給朋友們，問是否聽到什麼聲音；每個人都聽到了。在總統弗拉基米爾・澤倫斯基的演說後，便已無任何懷疑。她打電話向母親道歉。前一天她跟母親吵架，因為她受不了母親一直叫她儲糧跟離開。那時娜塔莉亞還憤怒地回答，一切都不會有問題，俄羅斯不會發動攻擊。

現在她和謝爾蓋快速收拾東西，在兩個後背包裡裝進必要物品：電腦、藥品、給自己與貓的食物、一些衣物。他們把可能有用的東西丟進行李箱，要是情況不允許的話，到時就不帶了。他們大樓的地下室無法住人，所以第一天晚上他們躲在浴室裡，後來知道走廊比較安全，便在走廊上鋪了墊子和毯子。

六天後，一聲特別響亮的爆炸讓娜塔莉亞感覺很糟。她告訴謝爾蓋想移到不遠處朋友的大樓，他們目前躲在地下停車場。朋友們也在考慮是否要離開，他們有兩台車，因此可以載娜塔莉亞、謝爾蓋和他們的貓咪。

走進朋友位在十七樓的公寓時，他們終於決定要離開。他們在房子裡面時，飛機飛得非常低，牆壁都在震動，很快便聽見炸彈爆炸的聲音，大家都很害怕，快速跑到地下室去。他們收拾東西，開了兩台車前往利沃夫，一路說服著彼此，只是離開一陣子；但娜塔莉亞覺得會比想得要更久。

路途中他們每一陣子就卡在車潮之中，而且晚上開始宵禁，沒辦法停在路上，最後他們開了五天半才到利沃夫。

第三天，當夜色降臨，他們快到文尼察時，娜塔莉亞的手機跳出大樓住戶的聊天訊息。照片上是破掉的窗戶、損壞的陽台與外牆，甚至還有屋頂。一串髒話從她嘴裡迸出。庭院都長得很相似，但她覺得他們的窗戶應該沒事，不過謝爾蓋立刻認出藍色的臥室，確認了那個洞之前是一片窗戶。他們決定先別擔心，等到早上再看看有沒有更多消息，娜塔莉亞說服著自己，不是他們的大樓遭到炮擊，便睡著了。

醒來後，她看到更多鄰居上傳的影片和照片。現在她清楚地看到自己藍色的臥室；她已經無法騙自己。火箭彈飛進院子，衝擊波弄碎窗戶，把窗框整個往內推到房間門口，窗戶對面那張不久前才睡在上頭的床，灑滿碎瓦片和玻璃。旁邊的梳妝台是謝爾蓋送她的新年禮物，雖被刮傷但還完整，鏡子和梳妝時照亮臉部的燈泡都還在。唯一令她高興的是無人死亡，也沒有釀成火災；建築物或許還有重建的機會。

「某種程度上，我能平心靜氣地看待這件事，或許是因為家是我愛的人所在之處，而他們就在我身邊。若是讓我親眼看到，大概會比較激動吧！」娜塔莉亞這麼認為。

他們於二〇二〇年十月搬進那套公寓，那是他們擁有的第一間房子。那時公寓未完全完工，臥室的窗台一直到去年元旦才裝好。

他們在利沃夫待了兩個星期，以為情況會平靜下來，並能回到哈爾科夫，只是日子過去了，哈爾科夫依然不停遭受砲擊。同時，利沃夫的防空警報不斷咆哮，火箭彈有幾次落在城郊的軍事設施上。娜塔莉亞又再次感到難受，所以他們去了布達佩斯。謝爾蓋在那裡工作的公司供他們住飯店，目前他們想待在那並冷靜一下，之後再想下一步。

飯店裡千篇一律的家具擺設與她期望的生活空間相悖。雖沒有廚房與日常生活的空間，但是她很欣慰，這裡沒有警報聲或爆炸聲把她從床上拽起來。

她希望不久的將來，這般寧靜也能降臨哈爾科夫。那時候，她就會回家。

隨筆 自己家

家這個話題對我來說相當神秘，我一直在思考它的意義，但多年過去，我感覺自己離揭開它的秘密仍有段距離。雖然理論上我能理解人們的出發點，但當我深入思考，才意識到他們的解釋全然沒有說服我。

無論在烏克蘭、阿富汗、伊拉克、敘利亞、納卡共和國（Republic of Artsakh）還是亞美尼亞，我總能找到決定留在自己家裡的人，即使基本上那家的感覺只剩下四面牆壁，裡頭的記憶、氣氛和氣味仍是獨一無二的；畢竟就算閉著眼睛，你也能知道何時要跨過門檻。

家，就算空蕩、毀壞的，我都尊重。當我要去拍毀壞的建築時，若沒有屋主的同意，我不會跨過門檻。我帶著希望敲門，即使門半掩著，我也希望有人應門，若回應我的是一陣沉默，我便去尋訪其他房子。即使只是跨過門檻也會讓我感覺不恰當，所以我總是請大樓住戶、鄰居或是與那個地方有所連結的熟人帶我進去。甚至在娜塔莉亞和謝爾蓋破損的公寓裡移動時，我也想著是否該脫鞋。他們的藍色臥室裡，牆上現在有個大洞，我幾乎是踮著腳尖走在滿是碎瓦、灰塵，物品散落四周的房間裡，好似我還能更侵犯這裡的私密。

世界越是分崩離析，人們越是在自己的腦裡築起堅固的牆，假裝什麼也沒發生。就算周圍被無情的大砲夷為平地、那些真實的牆壁被破片打得扭曲，腦裡的牆也不會倒塌。有些人甚至留在沒有光、電、瓦斯的建築物中凍得發抖，習慣了黑暗中的生活、營養不良，聽著若遠若近飛彈落下的聲音。我至今依然難以相信有人住在這樣的廢墟之中。

二〇二二年，這樣的人在烏克蘭有個蔑稱——「žduny」，這個字來自俄文「ждать」，意為等待，免費翻譯軟體上 žduny 的意思是「等待的人」，意指這些人在等待俄羅斯人。不過，這通常無法概括現實，頂多只是現實的一部分。

Žduny 也存在於被俄羅斯佔領的地方，他們等待著烏克蘭旗幟再次升起。就我的觀察，政治立場或愛國主義並不是決定因素，而是「習慣」與「拋棄原有生活的恐懼」所致。要去哪裡？住在哪裡？錢怎麼來？在哪裡工作？——質疑者不斷提出問題，也因此離不開。沒有人想與流離失所的人擠在學校裡生活好幾個月，沒有隱私地待在陌生人與喪失家園的話題之間。最終他們意識到，若是有人收留他們，那也不是永遠。或許能待上一、二個月，但是不能待太久；何況不是所有人都能成功再站起來。那該怎麼辦？這些都是等待的人尋不著答案的問題，所以他們選擇留下。

那些成功被說服離開的人，好似被磁鐵吸引著，一有機會就會立刻回家。我聽過最可怕的情況，發生在二〇一七年敘利亞的拉卡（Raqqa）。當受國際聯盟支持的庫德族（Kurd）和阿拉伯民兵擊敗伊斯蘭國（Islamic State）時，他們禁止居民返回城市，因為聖戰分子留下了數以千計的土製炸彈。他們把炸彈放在各種地方，例如玩具、電視或冷氣機裡。然而已在難民營生活數月的人們早就迫不及待，他們在崗哨站吵鬧並衝過去，把無能為力的士兵留在身後。他們抵達家園，但運氣不好的人因藏匿的炸彈爆炸而當場死亡。最初的幾個星期裡，那些等不及回家的人們，平均每天有十人命喪黃泉。

哈爾科夫地鐵的兩個世界

第一站：勞動英雄站

寬廣的地鐵站裡空位很少，約有八百人在這裡避難。維持秩序的警察表示，尖峰時期這裡有超過兩千人。根據三十三歲的瑪麗娜（Marina）所說，不久前這裡還很難進來，人們到處躺，走路很難不踩到人。

就算這裡的人已經少了點，還是沒有太多空間。常常有整家人來地下夜宿，有時候還帶著寵物。他們躺在充氣床墊或墊子上，蓋棉被或毯子，讓地鐵站看起來有點像地下營地。

瑪麗娜與她三十三歲的丈夫米哈伊洛，以及兩歲半的卡蒂亞（Katia），自二月二十四日，俄羅斯全面入侵的第一天起就一直待在地鐵站裡。與大多有小孩的人一樣，這個小家庭也進到第一車廂（第一節車廂停在他們面前）。列車本應從勞動英雄站開往藍線另一頭的終點站，也就是歷史博物館站，不過哈爾科夫的地鐵已停止運行，現在是一萬五千位居民的避難所。

位在薩爾提夫卡的勞動英雄站，空氣沉重且有霉味。除了戰爭外，避難者在這裡最大的問題是傳染病。每隔一陣子便有人咳嗽，或是看起來昏昏沉沉。雖然有醫生會來這裡巡診，也有志願者帶來藥物，然而在這種條件下健康還是很容易惡化。

來自同一條街的鄰居，四十五歲的魯斯蘭（Ruslan）和四十歲的米可拉，在通往車站那扇厚重的門後鋪上被子。雖然車站根本不熱，仍可在米可拉臉上看到水珠。他的眼神渙散。兩天前，醫生來車站看診，他被診斷出支氣管炎。

「他建議我經常出去呼吸新鮮空氣。我能怎麼辦？今天我在街上待了兩個小時，天氣很好也很寧靜，後來砲擊又開始了，所有人都下來這裡，因為空投炸彈時只有這裡安全。」米可拉說。

我們現在所聽到的聲音，正是烏克蘭的砲彈在全力轟炸。一個月前還川流不息的大十字路口傳來隆隆爆炸聲，甚至連已經習慣了戰爭的人——已在哈爾科夫打了一個月——都會退縮。

當然，也不是每個人。一個男人在仍有營業的餐館前抽菸，現在這間餐館為躲在地鐵裡的人準備食物。轟隆的聲音傳來時，他連眼睛都沒有眨一下。

「這是我們的。」他以毫無感情的聲音說，指間夾著一根菸。

不過也不是每個人都這麼膽大，能保持冷靜。通常在第一聲巨響時（因為較小聲的槍聲幾乎不間斷），吸煙者和那些出去呼吸新鮮空氣的人要麼急忙下到地下，要麼進到地鐵站深處。

米可拉和魯斯蘭來自北薩爾提夫卡，是哈爾科夫受戰爭影響最大的區。

「無論晝夜都處在砲火之下。你躺在床上，整個樓都在晃動。你聽到飛彈的聲音、爆炸，然後跑到地下室去。」魯斯蘭說。

當他那棟樓的二樓被俄羅斯的飛彈擊中時，他決定要離開家。米可拉公寓的窗也在那時被炸毀，他也決定要搬到地鐵站去。雖然他們的公寓都是自己的，但從那時起他們就沒有回過家。

「那裡很可怕。人們去商店，飛彈就炸在他們身上。」魯斯蘭說，「我得繞路好幾公里才能到我的住處。因為電梯不能用，還得爬樓梯上七樓，也很可能在抵達家門前就命喪某處。」

他指的是薩爾提夫卡市場的砲擊，造成兩人死亡，五人受傷。

「房子裡沒水也沒電，我甚至不知道公寓是否還完好。」魯斯蘭承認。「我每天都試圖確認我的大樓是否還在，我知道已經沒了窗戶，但是整個結構還在才是最重要的。」米可拉坦言。

他還說，只要牆壁還黏在地板上，內部的損壞都可以修復。

二月，俄羅斯再次攻擊烏克蘭時，哈爾科夫和其他城市早上就已發生爆炸。米哈伊洛、瑪麗娜與在他們手中的卡蒂亞立刻前往最近的地鐵站，車廂就這樣成了他們的臨時住所。這裡比在月台上溫暖，不過沒有電，所以他們坐在黑暗中。物品放在車廂的各個角落，一切都井然有序。

「我們覺得這是最安全的藏身處。」米可拉說。

「要是你躲在某棟樓的地下室，發生了什麼事，誰能找到你？」三十六歲的娜塔莎如此問道，她也自二月二十四日起便和八歲的女兒，薇洛妮卡（Veronica）躲在第一節車廂裡。「要是什麼慘劇發生，他們會先把我們接走，因為這是中央避難處。」

薇洛妮卡隔著玻璃看外頭，有幾百個像她和母親一樣在這裡避難的人。娜塔莎開玩笑說女兒是他們的保鑣。

娜塔莉亞與她十一歲的兒子正坐在同一節車廂裡。他們三月初來到勞動英雄站。俄羅斯進犯的頭幾天，他們住在地下室，但是就如米可拉一家人所想，娜塔莉亞也認為地鐵站會更安全。

「在這裡聽不見爆炸聲，這很重要，尤其是對孩子來說。」娜塔莉亞解釋。

地鐵站在地下深處，幾乎擋住砲聲，令人有和平的錯覺。任何響亮的聲音——就連打開厚重的車廂門的聲音，都會立刻引起哈爾科夫市民的注意，因為他們經歷過讓人感覺內心被撕裂的聲音：如雷的砲響、飛彈轟鳴和爆炸聲。

「最糟糕的是飛機的聲音，因為你不知道炸彈會掉在哪。這些聲音嚇壞了孩子。有顆飛彈在距離我兒子不遠的地方爆炸，當時他嚎啕大哭，情緒久久無法平復下來。」娜塔莉亞回想。

米哈伊洛與家人搬進地鐵後，他每天清晨都會回家準備食物、拿東西回車廂。他和瑪麗娜兩人開始猶豫要不要直接就回家了；雖然砲火隆隆，但或許不會打中他們家。在地鐵站裡，甚至是車廂裡都不舒服，帶著小孩在這裡很不容易。睡在座位上時，有時會有討厭的人擠進來，不過主要問題還是缺乏隱私，旁邊總是有人；就算在廁所裡也有人。

米哈伊洛和瑪麗娜的鄰居後來受不了就回家去了。

「他們還活著真是奇蹟。」瑪麗娜說。

「他們在這裡住了一個星期回家後，大樓正好被擊中。飛彈撞上樓梯間，破片輕易穿過他們公寓的門，如果當時有人在廚房裡就完了。」米哈伊洛補充說道。

他自己也很幸運，因為事發當時他已經回到地鐵站了。這場砲擊導致一位住戶身亡，而那戶鄰居搬到別的地方去了。

「他們有位年邁的母親，大概也不適合坐在這裡。」米哈伊洛說。

這件事解開了他們的糾結，再也沒有回不回家這個問題了。

米哈伊洛說，地鐵站裡偶爾會出現另一批喪志的人。

「他們通常是在砲擊後來的，有時臉上還帶著傷，可以看出他們才剛逃過一劫。」他補充。

娜塔莉亞出去抽菸時，發現入口處有塊巨大的彈片，很可能是火箭彈留下的，便把它帶上。

「我要留下來以記住這一切，雖然我覺得不可能會忘記。」她說。

自從俄羅斯的砲彈開始打到他們地鐵站附近，米哈伊洛想出去抽菸時總是格外小心，他每次都會看看天空，確定沒有東西飛過。

感謝她那身為退伍軍人的父親，娜塔莉亞知道不用害怕火箭彈窸窸窣窣的聲音，因為它們會飛得更遠；所以她目前還沒有放棄去抽菸。

娜塔莉亞在波蘭萊格尼察（Legnica）出生，父親當時在那裡服役。她是俄羅斯人，說俄語，十一歲時搬到哈爾科夫，從那時起哈爾科夫就是她的家。她早已對「俄羅斯世界」這個概念失去信任，因為她在烏克蘭並沒有感覺到受歧視或壓迫，與克里姆林宮所聲稱的相反。「我們總是張開雙臂，開心歡迎俄羅斯人來！他們經常從別爾哥羅德來這裡，我們像親戚一樣歡迎他們。」她說。

根據俄羅斯民調中心三月初就「俄羅斯特殊軍事行動」（克里姆林宮以此描述對烏克蘭的攻擊）的調查，支持率有百分之七十一。[22]就俄羅斯外交部長謝爾蓋・拉夫羅夫（Sergey Lavrov）所言，其目的是為了解放基輔政權的壓迫。

「他們是把我從我家解放出來，把我的孩子從學校解放出來。」娜塔莉亞說，「要是這裡變成下一個頓巴斯，情況會很可怕。」

雖然受到威脅，但娜塔莉亞並不打算離開。

「這是我的家，我的城市和我的土地。」她說。

「人們離開了，但這一切還是追著他們。」娜塔莎搭話贊成。

她講了自己朋友的例子，他們離開去到別的省份，但不久後那裡也開始遭砲擊。

「至少我們在自己的地盤上，待在安全的地方。可以找到醫生，有藥物，還有人給我們食物。若是在別的地方，一切都不確定，因為今天那裡安靜無聲，並不代表明天也一樣。」娜塔莎說。

「戰爭開打時，我的鄰居和她丈夫迅速前往郊區的別墅，他們到達那邊才發現自己處在佔領區，現在他們回不來了。」娜塔莉亞補充。

幾個星期過去，戰爭在哈爾科夫沒有停止，過了比較安寧的一天後，比較糟的一天就來了。每一陣子就能聽到警報響起，警告空襲與砲擊，好似飛彈與火箭彈沒有停止的一天。勞動英雄站裡第一車廂的臨時居民想著之後將會如何。

「我們有時會想，這一切什麼時候會結束。」米哈伊洛說。

「我們試圖往好處想，畢竟我們有孩子，這是他們的未來。」娜塔莉亞承認。

「我們在等待勝利。」娜塔莎說。

每個人都希望能盡快回家。娜塔莉亞已經開始想像裝上窗戶，有時也想像從頭開始蓋大樓、打掃與整修街區。「我們等著戰爭結束，然後我們會動起來，重新開始。」她說。

「我們的城市這麼美，他們竟然就這樣毀掉它。」娜塔莎抱怨。

「沒關係，既然我們曾讓哈爾科夫美麗，一定可以再次做到。」娜塔莉亞安慰道。

第二站：哈爾科夫拖拉機工廠站

燈光昏暗的長廊似乎沒有盡頭。遠方某處有些剪影在移動，是守衛地鐵入口的警察們，還有一些抽菸的人，頭上盤旋著煙霧。奧爾哈（Olha）在哈爾科夫拖拉機工廠站執勤，穿著夾腳拖、背心的她臉上帶著笑容，不時與人交談。

她說現在抽菸的情況比之前好多了，之前每個人都擠在一起，煙霧彌漫。雖然她自己也是吸菸者，但連她也無法忍受，因此她告訴待在車站的人，從現在起一次就兩個人，每次十分鐘；隊伍因此出現。菸癮重的人抽完就要再次排隊，這樣兩根菸之間才不會相隔太久。不過他們都聽話照做，因為無論戰爭還是和平，奧爾哈都在地鐵站裡維持秩序。直至二月二十四日，她都在管理列車運行，並照顧乘客安全，而現在她盡力確保那些離家的人沒有缺東西。她成了哈爾科夫拖拉機工廠站的女主人。

「現在這裡就是你們的家，所以你們要像在家裡一樣。」奧爾哈告訴地鐵裡的人。

他們把她的建議放在心上。

二月二十四日，奧爾哈正好有班，人們在第一波襲擊後來到地鐵站。雖然哈爾科夫拖拉機工廠站所在的區，比勞動英雄站的區遭受砲擊要少，但這一帶也不能說是安全的。這裡時常有飛彈落下，目標是附近的工廠；這個地鐵站的站名就是因它而來。

最初那幾天，奧爾哈上一班、休息一班，她休息時由另一名值班人員接手。另外兩個員工無法來工作，因為他們住的村莊被俄羅斯軍隊佔領了。奧爾哈和同事兩人必須照顧出現在地鐵站的人。在尖峰時段，那裡有超過八百個人。

起初，奧爾哈一下班就回家，某次去公寓陽台抽菸後，這行程就改變了。天色慢慢暗下來，不久後就要開始宵禁，沉默被如雷的砲火聲劃破，轟炸越來越激烈。奧爾哈聽到火箭彈的轟鳴聲掠過頭頂。「有糟糕的東西在四射，我不喜歡。」她想。抽菸的興致減弱，她丟掉菸進到室內，穿過兩間房間，在房子深處告訴丈夫，最好留在那，而他只是點了點頭。兩分鐘後，火箭彈撞上他們大樓旁邊學校的後院，衝擊波粉碎了奧爾哈不久前才站在上面的陽台，他們公寓的窗戶也破掉，房裡一片混亂。現在開始，她肯定會相信自己的直覺。

氣溫在零度上下游移，刺骨的涼意籠罩著公寓，他們包得緊緊地在玄關過夜。早上，他們封住窗戶，收拾一些東西，帶著鸚鵡與同為失去窗戶的鄰居一起去了地鐵站。從那時起，她就只偶而回家一次，看看房子是否還在，是否被洗劫。基本上她所有的時間都在地鐵站裡度過。

剛開始她在地鐵站有滿滿的工作要做；這附近有可疑的人在遊蕩，也有爭執與不愉快的事件發生。火箭彈炸毀附近的小店，包括一間酒類專賣店。一群男人偷了酒，醉醺醺地帶著伏特加來車站喝，挑釁地鐵站裡的人。奧爾哈快速組起巡邏隊，並請警方幫忙擺平醉漢，要他們另覓避難處。後來車站一直都很寧靜，而值班人員也把待在車站的居民當成自己的家人。

飲用水沒辦法供應這麼多人，但是有車且有膽量的人就會開車去取可飲用的地下水。一批批來自各組織的志願者，包括克利須那（Hare Krishna）也來到車站。某天一位住在附近的男子來到車站，他說他是醫生，樂意照顧病人，從那天起他就定期出現照看病人。居民以不同的方式支持彼此，比較年長的學生為孩子上課，每個人都試圖在自己能力所及的範圍出些力。他們把家裡的一切都帶來。幸虧有志願者，哈爾科夫拖拉車工廠站開始有穩定的水、熱食、食品、藥物，甚至是衣物。

居民在奧爾哈的帶領下把所有東西分類，設了一個儲藏區和兩個廚房。他們從家裡帶來爐子、廚房用具、鍋子和餐具。她的鄰居們在這裡幫忙，確保沒有任何食物被浪費，若牛奶過多且開始發酸，他們就拿來做成奶渣或點心。昨天奧爾哈發現他們的黃瓜、豆子、馬鈴薯和水煮蛋太多，她便回家做了美乃滋，我們談話時，今天廚房值班的婦女們正在用這些食材準備沙拉。

「就算每個人只象徵性地拿到一小匙，至少也是種變化。」奧爾哈說。

這是令人想起往日生活的味道。

一開始她得叫負責的人去清理月台、廚房和廁所，現在大部分人都知道自己何時值班，她很少需要去提醒。沒有人需要去請託或強迫別人做任何事情。過去四天這裡有點混亂，因為水源斷了，但是當水恢復供應，站內的居民們就捲起袖子開始工作。每個人都在照顧車站，把它當作共同的財產。

與充滿恐懼、害怕的勞動英雄站不同，這裡有著家的氣氛。

雖然在哈爾科夫拖拉機工廠站的月台上沒有奢侈的東西，有的盡是床墊、棉被與睡袋、快速打包的行李。因為隧道還是有風，只有待在車廂裡才能保暖，人們都裹著毯子坐著。砲彈不會射到這裡，不過下一站是軍事基地。這裡的人少了許多，有些人離開了哈爾科夫，有些人回到了住處。

當奧爾哈走上月台時，立刻就能聽見孩子喊著：「奧爾哈阿姨！我們的奧爾哈！」這些聲音劃破月台上陰鬱的氣氛。地板上鋪著有動物、樹與房子圖案的墊子，上面是積木、拼圖和汽車。一位衣服上有「Girls just wanna have fun」字樣的女孩疊著積木，不顧一旁橫衝直撞的男孩們，另一個女孩在劈腿。雙胞胎兄弟爭著扮鬼臉；大人們互相搭聊。感覺好像在自己家。

以前奧爾哈值完十二小時的班就只想回家，她不想再看到地鐵，只想在公寓裡與她丈夫和鸚鵡待在一起，現在一切都改變了，她一離開車站就想回來。

「現在我想盡快回到那裡。我都跟我老公說：『我們快點回家吧。』因為我住在車站，而且那已經是我的家了。」奧爾哈強調。

隨筆 基輔的喘息

隨著時序進入三月底，基輔迎來第一個溫暖的日子，首都超過一個月的攻擊威脅也已過去。第一次襲擊成功後，俄羅斯軍隊被困在伊爾平郊區，也就是米哈伊維娜・斯柯瑞克家的所在之處。侵略者不久後開始失去所征服的領土，俄羅斯指揮部為統整兵力，下令從伊爾平撤退，後來也撤出基輔、切爾尼戈夫和蘇梅三州。除了毀壞和傷亡之外，他們未達到任何目標。抵抗帶來了第一批成果。

基輔快速復原，更多人和汽車出現在街上。波迪爾區的廣場上，一名男子在戶外健身區拉單槓，孩子們則在兒童遊樂區玩耍。六十歲的娜塔莉亞帶著五歲的小瓦里莎（Larysa）靜靜地坐在長椅上。這是戰爭初期無法想見的景象。

「太令人高興了！這裡有人，甚至有孩子們在玩耍。」娜塔莉亞說，「已經有春天的氣息了，所以我希望一切會變好。」

基輔平靜了許多，但不全然安全；烏克蘭上空仍面臨導彈攻擊的威脅。全國各城市的警報器響起，但人們已不像全面入侵的最初幾週那麼慌張。雖然俄軍無法直搗首都，但他們沒有放棄奪取，因此很可能發起另一波進攻。儘管如此，在基輔還是能感覺到有所舒緩，比起二月底要好得多。防禦抵擋住了俄羅斯的突擊，這也讓人燃起「不會再更糟」的希望。

我自己那種隨時會在首都看到俄羅斯軍隊的感覺也在消退。我更願意出門散步，甚至在路上運動，無視防空警報。

娜塔莉亞完全沒有離開基輔。最初那幾天她住在地鐵站裡。她帶了兩個袋子，裝上凳子和睡覺用的墊子，後來因為實在太冷才回家。即便是俄羅斯攻擊初期，情況特別混亂的時候，娜塔莉亞偶爾還是會去外面。她在公寓裡坐不住，因為一直待在屋裡會讓人失去理智，所以她有時會闖上街。

「警報一響，我就靜靜祈禱並告訴自己會沒事。路上都沒有人，有時會看到遠方有人，但沒有車。」她回憶道。

路上的車流變多了，雖然與二月二十四日前仍無法相比。娜塔莉亞在這個月裡，已經習慣夜裡的艱難時光，她兩點前無法入眠，克制不住自己從手機看新聞的衝動，等待時間過去，直到累到睡著。通常她在清晨醒來，因為那是警報再次響起的時間。整個白天她都睡不著。

「我也是只睡四個小時。」瓦里莎說，「我不想做其他事。」

基輔人仍難以相信這已經結束。

越來越多餐廳和咖啡館開始營業，象徵著首都的社交生活漸漸恢復。有些店供應無酒精的義大利氣泡酒，而含酒精的飲料則必須私下要求（直到禁酒令解除）。有些地方可以下棋或打乒乓球。有些據點只進行商業行為，有些則是援助性質。

「我們只從訂單中收取交房租的費用。」二十九歲的奧勒說。

他是知名咖啡館「Charms」的老闆。這間店已經恢復營業超過一個星期，奧勒與他的團隊每天替軍隊和國民兵準備幾百份食物。我造訪Charms的那天，他們正在為軍人準備雞翅、馬鈴薯和醃黃瓜。

「雞翅是肯德基給我們的，馬鈴薯和黃瓜是志願者帶來的。」奧勒解釋，「若有人有物資就會送過來。」

這些全都是在某個通訊軟體上拿到的，使用者在上面寫他需要什麼，或是他手上有什麼東西可以提供，全都免費。

目前咖啡廳顧客只有幾個選擇：錫爾尼基（Syrniki）* 、炸馬鈴薯餅佐白起司、麵粉炒蛋、雞肉麵糰子。奧勒說，明天會有酪梨吐司，雖然其他蔬果短缺，但市場上有許多酪梨。

最初的幾個星期，奧勒在國土防衛隊服役，但是那個營的人太多，所以他被解雇了。但奧勒發現做他擅長的事情——烹飪，能讓自己變得有用，而他也非常想做事，無法閒閒待在家裡。

「Homie」理髮廳位在基輔市中心最受歡迎的街上，那裡有時尚的店鋪、總是擁擠的咖啡廳、餐廳，以及藝廊。由於開業的理髮店不多，顧客們湧入這裡。二十八歲的基里爾（Kyrylo）是這間店的共同創辦人，身穿黑襯衫、留著鬍子的他熟練地剪著顧客的頭髮。

「我不知道能不能這樣比較，但是我覺得這很像疫情剛開始的樣子。首先是恐慌、不理解正在發生的事情、否認，然後一切都在新的現實下運作。」他說，「人們會去適應新的生

* 一種由乳酪、雞蛋、面粉和糖製成的小圓餅，常搭配果醬、酸奶或鮮奶油一起吃。

活條件，雖然意識到俄軍可能會有攻勢，或是什麼東西會飛進來，但是要他們只待在家裡被動地看新聞更難。」

Homie 比 Charms 更早恢復營業。這裡之前有八位理髮師，現在只剩兩位，因為其他人都離開了。理髮服務的需求很大，員工的日程已經排到幾天後。通常理髮收費六百荷林夫納（約台幣五百元），但現在以自由付款的方式進行；有些人一毛都不付，有些人付一點或全額，也有些人付超過原本的定價。許多顧客是軍人。

「他們保衛我們的國家，我很高興他們能感覺自己在過日常生活，坐在沙龍椅上，在這裡獲得一點平靜。」基里爾說。他感覺自己在做有用的事，也因此覺得好多了。

盔甲下的人們

濃厚的黑煙飄在這區上空。這座位在利西昌斯克地區的烏克蘭煉油廠，被俄羅斯轟炸後已經連燒了好幾天。如畫的油菜花田圍繞著煉油廠，這是烏克蘭農業力量的象徵，因為入侵而受影響，使世界糧食的價格上升。煉油廠的大火至完全燒毀前可能都無法撲滅，煙霧已成為此處的景觀。

俄羅斯的導彈與火箭彈一個接著一個落下，有時候只會激起一陣煙霧與塵埃，有時會燃起長時間的大火。噴射機或追著噴射機並迫使飛行員跳傘逃離的地對空飛彈，在空中留下白色霧氣。飛行員不總能成功逃脫，例如某架戰鬥機在釋放誤導防空飛彈的信號彈後，機身便冒起黑煙。這架戰鬥機被擊中，在森林的方向朝地俯衝墜落。

不久前還光滑的柏油路面，現在全是砲彈和裝甲車留下的坑洞。遭砲擊的崗哨仍冒著黑煙。一開始只有七公里的路線在導彈的範圍內，但是隨著時間過去，越來越多路段變得危險。

這就是「生命之路」（road of life）的樣子。這條路連接利西昌斯克與位在頓涅茨克州的北頓涅茨克。

不過這條路的情況與北頓涅茨克相比算不上什麼。

烏克蘭控制盧甘斯克地區與俄羅斯相鄰的北部和東部，南部則由未獲承認的盧甘斯克人民共和國掌控。因此，防守幾乎是件不可能的任務。南面的前線有頓涅茨克河流穿過，多年來已成功固守，但與俄羅斯接壤那側的地理條件較差，防禦也較弱；而決定性的打擊正來自這一側。斯塔尼齊亞盧漢斯卡（Stanytsia Luhanska）幾乎立刻就被棄守。那裡是連接部分盧甘斯克地區的唯一通道，且是步行通道，多年來要經過橋樑往來，不過現在橋樑已經斷裂。

二〇一九年，斯塔尼齊亞盧漢斯卡成為新科總統弗拉基米爾・澤倫斯基關注的重點。總統天真地以為頓巴斯衝突可以和平解決，並保證迅速停火。重建斯塔尼齊亞盧漢斯卡的橋樑是釋出善意的一步，提供兩地居民便利並讓戰爭走向終結。之所以說澤倫斯基天真，是因為俄羅斯根本不想平息衝突——就算俄羅斯希望衝突落幕，也必須是以對烏克蘭不利的條件為前提。被潑了第一次冷水後，總統逐步修正自己對頓巴斯和俄羅斯的態度。

俄羅斯與其支持的武裝分子進入北頓涅茨克，並以附近的森林作為陣地，斯塔尼齊亞盧漢斯卡之後，有更多盧甘斯克地區的城鎮遭殃。盧甘斯克成為不被承認的共和國後，北頓涅茨克便成為盧甘斯克州的首府。二〇一四年之後，由於政府投入的預算增加，在地與國際的非政府組織開始以此為基地，此領域的工作機會增加。儘管這座城市鄰近前線，但也享有幾年寧靜的時光。雖然盧甘斯克地區因戰爭爆發而失去經濟潛力，但北頓涅茨克受到的波及較小，然而現在這座替代首府也遭受威脅。

俄軍正在圍城。這裡的建築物分為：被打爛的、千瘡百孔的、屋頂破洞的（像被咬一口）、在火中燃燒的、燒光的以及倖存的（沒有太多）。街上散落碎瓦、破片、砲彈殘骸，空中有被扯爛的無軌電車牽引桿，彎曲的金屬板好似痛苦地在扭動。城市日常的喧囂被戰時的轟炸聲給取代；有一顆飛彈還飛越我們的車，撞上不遠處的建築物。少數車輛迅速穿過城市廢墟，主要是軍車。偶有履帶的嘎嘎聲與裝步戰車引擎發出的嗡嗡巨響。

十萬居民之中，少有決定留下的人。戰鬥最密集的時期，大約只有十分之一的人在城裡。這裡的徵兵處與基輔和哈爾科夫不同，沒有出現排隊人潮。這裡的人與頓巴斯地區的其他城市一樣，比西部地區更被動。他們不想參加這場已經折磨該區八年的戰爭，原因有很多，主要是普遍對政權的不信任、受俄羅斯影響深、社會組織較弱與移動性較低。

留在北頓涅茨克的有四類人。第一類是老年人，他們認為既然出生在北頓涅茨克，也要死在這。第二類人抱著希望，認為家園能躲過從天而降的致命鋼鐵。第三類是坐以待斃的人——已錯過離開的時機，現在只能去習慣糟糕的生活條件。他們陷入冷漠，對此漠不關心導致不想離開。第四類人，他們在等俄國人到來。

街上少見行人，因為他們整天都待在家裡的地下室，水、電、瓦斯都被切斷，只能仰賴人道救援，以及從投機者那裡以天價購得的商品。

一個社區兩棟樓裡住著二十人，他們所躲藏的地下室天花板很矮，身高一八〇的人無法站直身子。裡面沒有光，塵埃滿佈，地上都是墊子、毯子、棉被、睡袋與枕頭。雖然外面很溫暖，已經是可以穿短袖的天氣，但這裡所有人都穿著外套、抓絨衫，戴著毛帽；好似不幸的二月還沒結束。幾週處在寒冷與潮濕中，導致人們生病、染上肺炎。

黑暗的地下室裡只有一縷微光，謝爾蓋在這裡用教科書教她十一歲的女兒，安娜斯塔西婭（Anastasiya）數學。

「我在學分數的乘除，有點難。」安娜斯塔西婭有點不好意思地說。我問她是否想念學校，她回答不特別想。父母無法接觸到學校的課程，但是他們有教科書，所以只要他們願意，就可以陪女兒一起學習。鄰居阿姨帶巧克力冰淇淋來給她時，安娜斯塔西婭高興極了，她很久沒吃到冰淇淋。

安娜斯塔西婭旁邊站著媽媽絲薇拉娜，以及十八歲的姐姐卡特琳娜；她是基輔大學哲學系一年級的學生。卡特琳娜因為疫情的關係遠端上課，但是現在沒有電和網路，也就無法上課了。

讓他們留在這的原因，除了不知道要逃去哪之外，也因為缺錢、生活習慣，且對放下一切與面對未知感到憂慮。

「我們無處可去，也一無所有。身無分文地出走是很大的責任，一切都充滿不確定。」絲薇拉娜說。

「別的地方至少不會有槍響。」我強調。

「路途很可怕，在地下室至少是平靜的。」安娜斯塔西婭說。

「假設我們躲過路上那些火力，然後呢？」絲薇拉娜問。

這個問題沒人可以回答。

絲薇拉娜不想讓卡特琳娜獨自去基輔，再說，女孩自己也不打算離開這座城市，因為她會一直掛念著家人。所有人就這樣把彼此困在地下室，不給自己逃離的機會。

他們仍懷抱戰爭結束、生活回歸正常的希望。

探出地下室較久的，是那些在死亡邊緣生活幾個星期後，一切都已無所謂的人。他們相信可以透過聲音辨別，何時該害怕，何時又可以揮揮手。他們還活著可以證明他們的理論正確；但也可能只是幸運。北頓涅茨克的死亡數定期增加。

有些人坐在大樓前的長椅陷入沉思，其他人靜靜站著環顧四周，幾乎沒有單獨一人的，去室外至少都有一人陪伴，或許是因為人們在惡劣的環境下需要多點安全感。爆炸聲響起，沒有人退縮，甚至沒眨一下眼睛，他們聽見飛彈的咻咻聲時，甚至沒有抬起目光。他們躲在自己厚厚的盔甲下，只有落在身旁的飛彈才能刺穿。

一群醉醺醺的男人正在慶祝葉文（Yevhen）的三十八歲生日。他們甚至準備了巧克力蛋糕、糖果，以及——理所當然的——烈酒。以前的壽星都要跳交際舞，才提起這件事他就咧嘴笑了起來；在這種情況下讓人以為他精神錯亂。葉文與他的朋友們靜靜地坐著聊天、開著玩笑，好似什麼也沒發生，好似他們沒聽見院子旁烏克蘭的迫擊砲擊發的轟響——這意味著他們的院子很快就會有火砲落下。

「我想要平靜作為禮物。」葉文承認。

然後回到他的派對裡，回到他的朋友之間。

城郊的情勢最嚴峻，那裡只剩最後一間營運的醫院。

「我已經認不出北頓涅茨克了，這裡原本是個漂亮、乾淨的小城市，居民都是好人，但現在一切都沒了。」四十七歲的護士，奧克薩娜（Oksana）說。

醫院的建築結構再次受到打擊，響亮的砲聲提醒著這棟樓隨時會再次崩解。這座大型醫療院所現在是空空如也，只有一輛救護車可以出動去接傷患。然而這座城市的電話網絡被切斷，所以沒什麼機會接到救援需求；居民會自己把病人載來，若情況嚴重，軍隊或消防隊會協助。由於自力發電和許多志願者帶來的藥物，醫院還撐得住。來自世界各地的食品躺在散落的紙箱裡。

只有極有膽量的人留了下來──主任、幾個醫生和護士。奧克薩娜是其中之一，她穿著白色背心，面露疲態，但仍保持鎮靜並帶著真誠的笑容。原本三十三人的部門只剩下兩名護士。奧克薩娜的丈夫有時會來醫院，他力氣更大，可以幫忙移動嚴重的病患。她有二十五年的經驗，現在她負責整個部門。

「我之前是高級護士，現在我只是護士，有時候是初級護士，有些時候也是電氣工、鎖匠或水電工。」她說。

之前還有分樓層，一個房間裡都是燒傷、咬傷的病人，另一個則是其他傷病；現在全混在一起，病患哪裡有位置就躺哪。奧克薩娜帶我看改成倉庫用的疫苗室（誰在這種情況下會對接種疫苗感興趣？）

大家不會埋怨其他離開的人員，他們不能期待別人堵上自己的性命，尤其這座城市還籠罩在砲火下。首先是從兩面夾擊，後來是三面；砲火落在北頓涅茨克的各個角落，很難找到一塊保證安全的地方。然而，奧克薩娜決定不惜一切留在她的家鄉。

「我宣讀了希波克拉底誓詞*，我會盡我所能做到最後。」她強調，「必要的話，我們會一起死在這。」

除此之外，奧克薩娜不想離開她的母親，這也是讓她留下的原因。她基本上不會離開醫院，但只要一有時間就會去爸媽那裡。

離開的理由有很多。三八婦女節是她人生中最失落的一天。那原本是平靜的一天，她甚至還有時間畫上口紅，在醫院工作的男性帶來鮮花，為女性員工祝福。中午發生了三次大規模的砲擊，市區街道上至少有十人遇襲，其中兩名是救護車人員。其他車輛把傷者一個個送進醫院，不久後整個急診部都陷入血泊。這似乎沒有個盡頭。一切工作落在奧克薩娜和少數工作人員身上，他們跑向傷者，試圖拯救更多人，但不是所有傷者都來得及送上手術台。奧

* 醫學界的職業道德準則，名稱來自古希臘醫學家希波克拉底（Hippocrates）。

克薩娜二〇一四年也在醫院工作，但她從來沒見過這種景象。四肢撕裂、孩子失去眼睛、骨頭被衝擊波粉碎、身體殘缺到無法辨認，到處都是慘叫聲以及尋找親人的家屬。到處都是血，甚至是她的嘴裡。那金屬味大概久久都不會散去。

「要是在這一切過去之後，我還能保有健康的心智，那麼我會感到非常驕傲，畢竟目睹這些可怕的事，還要與之共存，實在過於沉重。」奧克薩娜說，「白天勇敢地撐著，但是當夜晚來臨，你卻忍不住淚水。」

後來兩天又有大量傷患被送進來。到後來情況比較穩定時——若可以這樣說的話——一天大約有十名病症不同的病患送來這裡，不過大多還是因戰爭受傷的人。

數不清的女人躺在房裡或走廊上。奧克薩娜鼓勵所有人都撤離，但她無法強迫別人這樣做，畢竟不是每個人都想離開，有些人沒有離開的條件。由於城市周圍的情勢惡化，把人送出去是越來越艱難，大型的移動車輛會引來砲擊，更別說是成列的車隊。

三月下旬，四十七歲的歐雷娜（Olena）前來求助。一顆炸彈突然落在距離她不遠的地方，衝擊波將她打向地面，破片刺穿她的腿。她嚇壞了，無法行走的她只能爬著呼救。她很幸運，一個正好經過的男人幫她叫了救護車，救護車很快就到，破片沒有傷及骨頭。

歐雷娜已經在醫院躺了三個星期，她的腳剛換上新的繃帶。沒有人來找她，因為她是獨生女，而父母親一年前過世了。一如這層樓所有的患者，歐雷娜也由一名護士和兩名護理人員照顧，其餘人員因為擔心北頓涅茨克會落入俄羅斯之手而離開。在最辛苦的日子裡，他們很難好好照顧幾十名傷患。

目前為止這座醫院至少有一棟樓被炸毀，砲彈就卡在屋頂上，整棟樓停用。歐雷娜所在的大樓有六層樓，矗立在地平線之上。戰鬥的聲音持續傳來，人們好像已經接受了他們隨時都會被砲擊。

對歐雷娜來說，這裡的條件比在家好。

「病房裡比較安靜，我們的護士、醫護人員讓我們感到安心。」她解釋。

然而醫護人員不斷請求患者離開，去烏克蘭比較安全的地區。歐雷娜直到差點被砲彈炸死前，都不想聽到關於撤離的話題，現在她在等著腿好起來，然後她會去看看她的房子是否安然無恙，接著就要離開。

去哪裡？她毫無頭緒。再說，她都還沒離開北頓涅茨克，就已經開始想著再次住進來。

「我們的城市很美，我想回來重建這裡的生活。」這是她的夢想。

接下來的幾週，北頓涅茨克的情況急劇惡化。患者們拜託奧克薩娜不要丟下他們，她每次都回答：「我永遠不會這樣做。」俄羅斯人正慢慢踏入這座城市。俄羅斯在南方取得勝利，烏軍陷入被敵人包圍的危險，因此從這座城市及利西昌斯克撤離。醫院移到第聶伯去，醫生們在那繼續自己的工作。而奧克薩娜，就如她所說，留在了被佔領的城市裡，履行她的職責。

隨筆 生與死

俄羅斯人逐漸從哈爾科夫地區撤離。那些遭到前進中的烏軍與撤退中的俄軍波及的城市，受到嚴重的破壞。

映入眼簾的是殘破的建築和散落著軍事裝備殘骸的街道，戰壕與敵軍遺骸遍佈田野。哈爾科夫的外圍城鎮——小羅漢（Mala Rohan）看起來就是這個樣子。三月的尾聲，這座村子被烏克蘭軍隊解放，但許多居民仍未回家。

人類屍體腐爛的氣味飄散，壕溝中俄軍的屍體仍在，有些被土蓋著。

一位烏克蘭士兵和一群志願者與附近公墓的掘墓人，一起把屍體拖出來。其中一具肯定是個成年男子的屍體，很難拖出壕溝，他們得在屍體上綁上繩子，用拉的。接著把他放上草地，包進屍袋裡。那天，他們又找到另外四具屍體。除此之外，在哈爾科夫的冷藏車裡還有六十三具屍體。超過四分之三的遺體屬於俄羅斯人，剩下的是為克里姆林宮出戰的烏克蘭人，也就是不被承認的共和國的民兵。

「我們在被解放的村莊找到他們，記錄下屍體的資訊，也從他們身上取DNA登記在資料庫裡，如果有人要找他們，資料都準備好了。我們要用他們來換我們還活著的男孩，或是戰死的。」負責替俄羅斯士兵收屍的烏克蘭武裝部隊的隊長安東・伊萬諾夫（Anton Ivannikov）解釋。

伊萬諾夫目前只在幾個地方進行收屍，還有許多地方仍無法進入，因為還在衝突中。他有時直接從陣地的軍方得知屍體消息，有時是被解放的村民來向他報告。大多數屍體無法辨識，不是被燒毀就是沒有頭。

與此同時，在幾百公尺外的坦克殘骸不遠處，電氣工正在修復高壓電線。居民回來看自己的家還剩下什麼，而那些沒離開的人則慶幸自己的城鎮又重回平靜。

才剛留下戰爭痕跡的地方，生活重新綻放。

唯一的熱情

二月時這裡還是一家漁具店。如今店面的空間散落紙箱和盒子，裡面全是軍隊的裝備與糧食，只有展示用的假人和裝飾能讓人想起它的過去。二月二十四日後，這間店變成了士兵支援中心，從襪子、內衣、制服、睡袋、墊子到戰術背心，他們可以在這裡找到各種東西。若有需要，志願者也能安排車輛。

「我們沒有多餘的東西，全都很快就被拿光。」四十三歲的特蒂亞娜．奇米翁穿著綠色洋裝，金色的波浪長髮編成辮子；她是舞蹈家，擁有一間舞蹈教室。她是拋下一切支援軍隊的三名女性之一，她們最終落腳於頓涅茨克州的斯洛維揚斯克附近。

在全面入侵、砲擊、前線逼近與當局呼籲撤離後，這間前漁具店現在是最後一個提供支援的據點，因為安全理由，大多組織已經撤離此地以及克拉馬托爾斯克。儘管困難重重，特蒂亞娜和朋友們也不想離開。

「這是我的國、我的家，我要在這裡待到最後。」女人堅定地說，「要是我們不幫忙前線的男孩們，前線就會來到平民面前。」

持續擔任志願者需要過人的毅力，在經歷幾個月的戰爭後，如特蒂亞娜這種人需要找到更多的支持。第一波攻擊已過去，烏克蘭大部分地區已遠離軍事威脅，同時資金也明顯耗盡。人在沒有工作時很難持續捐款。烏克蘭國家銀行七月底更新二〇二二年的預測，即使有超過六百萬的烏克蘭人離開國境，失業率並非原先預期的百分之九點一，而是百分之二十八點九，報告公布時，數字幾乎高達百分之三十五。[23]不過特蒂亞娜不會放棄。

她是那種會奉獻一切的人——之前她將自己奉獻給了舞蹈，現在則是志願活動。人只能認真致力於一件事，她有更想做的事，因此不再運動，但這不代表過去的生活不見了對她沒有影響；尤其是與孩子直接又好玩的對話，還有出去比賽。特蒂亞娜是個充滿活力的人，她喜歡不同的環境，但現在從早到晚她眼裡都只有漁具店，更糟的是，當她去了比斯洛維揚斯克還寧靜許多的第聶伯時，她感覺很不好。走路時讓她很緊張，因為所有東西都太大，生活太容易。她覺得第聶伯人不懂戰爭是什麼，因為他們是從電視上看到的，所以特蒂亞娜很快便回斯洛維揚斯克。

八年前的經驗告訴她，被動沒有幫助，頓巴斯戰爭就是從斯洛維揚斯克開始的；這座人口十萬的城市隔壁就是俄羅斯與地方分離主義分子的陣地——克拉馬托爾斯克。四月的那個早晨對特蒂亞娜來說恍如昨日。她的舞蹈教室就位在烏克蘭國家安全局分部的對面，那天她開始上課，走到窗前準備打開音響。兩個男人潛入國家安全局，其中一個幫另一個爬過大門，然後再把同伴拉進去，大概兩分鐘後，一位官員腋下夾著逃亡總統維克多・亞努科維奇的肖像走出來，另一手還抱著電腦。特蒂亞娜和孩子看著他上車離去。

她不相信她看到的畫面，如許多烏克蘭人，她也一直把俄羅斯人視為兄弟。兩國的過去、信仰與文化深厚；至少蘇聯時期是這麼說的。由於通婚頻繁，許多烏克蘭人有俄羅斯親友，不少俄羅斯勞工移民住在烏克蘭，兩國有強烈的聯繫，看似堅不可摧。特蒂亞娜對自己的國家並沒有強烈的歸屬感，她反而認同這個後蘇聯時代的幽靈共同體。

「我們就是剛好住在烏克蘭，要說哈薩克也好，對我來說沒有差。」她承認。

然而，一切都變了。

特蒂亞娜關閉舞蹈教室不久後，武裝分子搬了進去。某次她進到舞蹈教室時，看到一個人在那射飛鏢，特蒂亞娜頓時氣血上湧，因為那是她親自粉刷的牆，而教室應該總是整潔並充滿開心的孩子。士兵離開後，舞蹈教室成了大型垃圾場，牆壁與門都被毀損，舞蹈服也不知去向。

特蒂亞娜在斯洛維揚斯克待了兩個月，但這座城市越來越常遭砲擊，擔心十三歲和九歲的兒子，她決定要離開。武裝分子因無法掌控斯洛維揚斯克，三個月後他們突破烏克蘭軍隊的封鎖，直搗頓內茨克——其中一個不被承認的共和國的首都。

特蒂亞娜認為在這場戰爭中有三種人。第一類是喜歡戰爭的人。第二類人認為這是必經的過程。第三類人，只想生存。

二〇一四年時，她屬於第三類人，一段時間之後她成為第二類人：既然戰爭開打了，那就要盡力獲得勝利。因此斯洛維揚斯克回到烏克蘭軍隊手裡後，她在接下來幾年裡，一直都在幫助士兵。

只是這次衝突的規模與八年前不可相比。

「我會在這裡多坐一會，想辦法成為第一類人。」特蒂亞娜開玩笑。

二月二十四日，她和丈夫一起去徵兵處時，沒有因為被拒絕而沮喪。他們首先徵收有經驗者，但她不喜歡這種標準，她認為徵兵處應該考慮他們的應戰準備，以及在極端條件下的耐力。她覺得她能適應最困難的情況。

「我不會歇斯底里，我在極端情況下恰恰相反，反而更鎮定。」她說。

因此要是戰爭持續下去，她不排除入伍，但目前她還不想這麼做，因為要是入伍了，戰爭不結束她就不會退出。

特蒂亞娜沒有浪費一點時間，立刻與幾年前認識的志願者聯絡。那是二〇一四年學到最重要的一課。甚至是連那些反對武裝分子、不想頓巴斯落入俄羅斯世界的人都感覺的到，烏克蘭其他地區留他們自己孤軍奮戰；基輔沒有關注他們，地方也沒有任何指示。獨自對抗武裝分子需要勇氣，而大部分人都沒有這份勇氣。後來，斯洛維揚斯克再度掛上藍黃旗幟，親烏的人們互相認識才知道，人數其實不少。他們開始建立自己的組織。

「誰站在哪邊很明顯，我當下就知道該打電話給誰。」特蒂亞娜說。

這奠定了二〇二二年的公民抵抗。

二月二十四日，她去到隔壁的克拉馬托爾斯克，為軍隊編迷彩網，兩天後她已經在斯洛維揚斯克的漁具店裡了；因為這個鄰近前線的鎮上沒有能幫助士兵的人。

初期十分艱辛，特蒂亞娜和團隊發訊息給親朋好友，希望大家能送些東西過來，因為烏克蘭軍隊基本上每天都在增加，需求龐大。軍用品店如同過年前的超市，貨物全數消失，為幾萬人找到可用的制服、鞋履、背包、背心和頭盔並不簡單，政府、志願者、士兵及其家屬都要自己動起來。

自從這間漁具店救助中心開門以來，駐紮在斯洛維揚斯克的士兵們都能獲得充足補給。與其他支援點有所不同，這裡可以批發所需物品讓整個單位使用。每天有約一百名士兵來這裡找東西。隨著時間過去，漁具店除了有烏克蘭的捐贈者，也出現了來自捷克、德國與美國的捐贈。

「我們不再為沒有東西而感到不好意思。」特蒂亞娜很開心。

不過，幾個月後有些人感到疲憊，有些人把資金用光了，因此能夠提供的支援開始減少。此外，援助變得比較集中與正規，通常已經不是自發性的行為，而比較小的支援點，例如沒有組織結構的漁具店，開始被邊緣化。

特蒂亞娜從早到晚都待在支援中心。有時她會帶著電腦寫申請表，以獲得各機構的支持。「只要我打開電腦查找資訊或寫訊息，就會有人來店裡。花上兩個小時都還完成不了，得不斷提醒自己在做什麼。」她說，「所以我都在晚上寫申請表，有時候也請朋友幫忙。」

特蒂亞娜說，寄出的十二個申請裡面，至少有一個會得到正面回覆。有時漁具店會被一些大量援助的物資給嚇到，因為他們比較習慣小型且具體的幫助。有許多國外組織主要是幫助平民，而不是軍隊，因此，特蒂亞娜與他的團隊主要仰賴其他城市志願者朋友的支援，或者，軍隊將漁具店需要物資的消息傳回家鄉，因此有更多的物資包裹送到斯洛維揚斯克。

俄羅斯入侵後，每天都有一位年長、纖瘦的男人騎腳踏車來漁具店。他從商店裡帶走空罐子，裝滿自家的蜂蜜帶回來。某天他不再出現。或許他也離開了。

隨筆　趁他們沒開火，快！

十三個人站在超市的鐵皮屋旁。這些人全都要在五月一號離開頓涅茨克地區，擁有二十萬人口的利曼。被破片打斷的樹枝倒在商店附近的路上。兩聲槍響，飛彈轟鳴，蓋過槍響，接著是爆炸，撲面而來的音浪將我們淹沒。飛彈肯定就掉在附近，有些人，也包括我在內，都撲倒在地。

「你們撲倒做什麼呢？」一位老人家笑著問。

他只是微微彎腰靠在超市的薄牆壁上，假裝什麼也沒發生，但表情卻有些緊繃。

「您已經過了大半輩子了，我們還想多活一點。」一個還趴在地上的男人說。

目測比老人年輕了二、三十歲。

「希望他們今天會把我們帶離這裡。」他又說，幾乎還沒說完，熟悉的順序又再次出現：射擊、轟鳴、爆炸。這一次更大聲，也就是距離更近了。

這十三個人希望撤離巴士來接他們，離開這座突然陷入戰爭的城市。俄軍從東部進攻，試圖包圍有十萬居民留下的利曼。

隨著掉落的飛彈越來越近，越來越多人趴倒在地，不過並非每個人都能做到。老婦人拄著拐杖，臉上滿是驚恐。

「他們對平民開火，我們為什麼要經歷這些？你們說說看，我都一個星期沒出地下室了，嚇得我渾身發抖。」說著說著，她哭了起來。

雖然當局呼籲儘速離開利曼，但是許多人聽不進去，他們不相信自己的城市會成為目標。十三人決定離開的那天，利曼受到自二〇一四年來最嚴重的砲擊。

當砲火終於平息，警察把人們帶出城。帶有公務標誌的小巴士快速穿過茂密的樹林停在超市旁，旁邊還能見到飛彈炸出的大洞，周圍散落著泥土。受到驚嚇的人們顧不了這麼多，趕緊坐上巴士。

「趁他們沒開火，快！」一位警察驅趕著。小巴士最後抵達安全的地方，幾公里外有其他巴士等著，把逃離戰爭的人們送到烏克蘭深處。經過幾個月激烈的戰鬥，利曼落入俄羅斯手中。

時間：五點十五

天色仍暗。四點十五分，鬧鐘響起。四十歲的米哈伊洛．特雷什琴科（Mykhailo Tereshchenko）起床等待第一通電話。

米哈伊洛是康斯坦丁尼夫卡（Kostyantynivka）軍事管理局的副主任，要是城裡發生什麼事，警察會打給他。這個地方過去都還算平靜，然而最近幾個星期卻變得動盪不安。

要是問到砲擊時間，答案總是「四點」、「五點」、「六點」這三個。無情且規律的火箭彈落在康斯坦丁尼夫卡，這座位在頓涅茨克州、克拉瑪托爾斯克區的城市。俄羅斯全面入侵前，這裡的人口數是七萬四千人。距城市不遠的前線警報聲大作，最激烈的戰鬥在此區持續進行，俄軍還沒有放棄。

所有人都疲憊不堪。

俄羅斯的火箭彈將更多的建築物變成瓦礫，破壞電力和水源的供應，逐漸癱瘓整座城市。

天然氣很久之前就斷了。火箭彈不放過低層建築、公有大樓和基本建設，因此所有人都受盡折磨，很難在夜裡安穩入睡。有些人甚至連闔眼片刻都很難。

七月的某一天，特雷什琴科也在黎明前醒來，雖然已經五點鐘，仍一片寂靜。他以為或許這會是平靜的一天，康斯坦丁尼夫卡的居民可以得到一絲喘息。就在電話響起前，爆炸聲傳到鄰城德魯日基夫卡（Druzhkivka），也就是特雷什琴科居住的地方。通常他會立刻去砲擊現場，評估導彈造成的破壞。那天留下了一個大洞，幾棟樓遭到破壞，地上的水泵被夷平，導致左岸部分居民無水可用。

「這就是個噩夢。」特雷什琴科說，臉上掛著疲憊。

康斯坦丁尼夫卡的區民，十五歲的瑪格麗塔（Margarita）也同樣疲憊，且精神緊繃，無法入眠幾乎成了她的慢性病。晚上，她根本無法闔眼，或是只能睡一下子；她很擔心一睡就會有東西撞上她家。特雷什琴科以為會平靜的那天，她成功睡上一個小時，沒辦法再睡更久。

「死亡的威脅在你頭上盤旋時，會讓人好幾天都不睡覺。」瑪格麗塔說。

她躺在床上看手機、讀訊息，要是全都看完，就打開相簿看照片，以及她朋友或自己錄的影片。她會寫訊息給一些人警告他們別冒險回康斯坦丁尼夫卡，叫他們待在安全的地方。她把最近砲擊現場的照片傳過去，希望可以說服他們。她所有同學很久前就已離開，但是有些人想起這裡過往的平靜，又會冒險回來。

特雷什琴科承認，絕大部分居民在三、四月離開康斯坦丁尼夫卡，但不久後許多人就回來了。城市周圍被戰鬥波及的範圍沒有太大的變化，八年過去，距離這裡最近的前線仍在東南方二十五公里處，而那裡相對平靜。

儘管如此，康斯坦丁尼夫卡的居民可說是幸運的。

頓巴斯戰爭雖然重創附近城市，像是斯洛維揚斯克、克拉馬托爾斯克，以及北邊的霍爾利夫卡（Horlivka）和南邊的托雷茨克（Toretsk），卻繞過了康斯坦丁尼夫卡。

戰爭開始時，瑪格麗塔才七歲，基本上她對那段時光沒有記憶。多數事件都是從父親口中聽到，像是她去上學時正在交戰，學校教他們如何躲在地下室、貼住窗戶、在無水無電下如何生活。

「那時發生了什麼我都不記得，但現在發生的事我會永遠記住。」她說。

那時是四月底，孩子與寵物再次出現在康斯坦丁尼夫卡的街道上，對特雷什琴科來說，這是人們歸來最好的證據。

軍事副主任認為這批回歸主要有兩個原因——思鄉與經濟因素。根據國際勞工組織

（International Labour Organization）二〇二二年五月的報告指出，自全面戰爭以來，烏克蘭有四百八十萬個就業機會消失。

若戰爭進一步升級，可能再損失另外兩百萬個工作機會。內部難民與離鄉背井的人時常無法找到工作，他們抱怨租金太高，錢很快就用完了。與鄰近的城市相比，康斯坦丁尼夫卡的街道算是特別擁擠。

「我們這裡一切都很好。家裡沒水？簡單，打個電話就好，還是可以生活的。但是當砲彈向你飛來，那就不可能了。」特雷琴什科說。

最近一波轟炸中止了居民的回歸。俄軍試圖削弱烏克蘭的後勤，不總是針對攻擊軍事據點與分佈在城市（如康斯坦丁尼夫卡）周圍的倉庫，也攻擊民用設施。

有更多人再次離開家園。城市裡定時有巴士載人去火車站，搭乘撤離到利沃夫或鄰省第聶伯的火車。

就算是瑪格麗塔的母親也開始說是時候離開了，只是她不知道該去哪。

約莫清晨五點，爆炸聲傳出。房子搖晃、窗戶在震動。另一聲巨響不久後傳到瑪格麗塔耳邊，她用棉被裹著自己，一動也不動地躺著，等待砲擊聲過去。她的反應與康斯坦丁尼夫卡第一次遭到攻擊時不同，那時害怕、悲傷、遺憾排山倒海而來，然後是尖叫與淚水。砲擊持續第四天，瑪格麗塔很快就習慣了這每天早晨的例行公事。

「大家都準備好四點到六點間會有飛機或是砲彈飛過。沒人會感到驚訝，只會害怕自己、親人或鄰居受到傷害。」少女說。

紅區（dzielnica czerwona）同一條街上掉下了第三顆火箭彈。第一顆把某居民的院子中間炸了個大洞，周圍覆上厚厚一層土，房子也遭到損壞。第二顆掉進另外一個院子裡，破壞了附近的建築。第三顆掉在路上，穿破水管，洞很快就成了小池塘，而最靠近爆炸點的房子，屋頂被炸掉、窗戶毀壞、圍籬倒塌。

奇蹟的是，裡面一對退休夫婦——男主人中風——毫髮無傷。之所以轟炸這個地方，可能的目標是附近的一棟民宅，軍隊已經在那駐紮了一段時間。

士兵駐紮在城裡讓某些居民不悅，尤其是親俄派的人。砲擊現場的情緒沸騰，人們對周遭一切感到憤怒——軍隊（烏軍與俄軍都是）、當局、警察、記者和志願者。

「都是因為這裡有法西斯分子。」來修理破水管的工人說。

他指的是烏克蘭士兵；俄羅斯的宣傳描述正是如此。

「屋頂千瘡百孔、窗戶毀壞，這已經是第二次了。我們才剛整修好，現在又更糟了。我們都退休了，哪有錢弄這些東西？」這條街上的一位居民說，「就讓他們在這裡說俄文吧！和睦相處就好，不管說哪種語言我都愛烏克蘭。」

「要是他們這樣炸我的房子，我可不能忍。我一直花錢，他們一直破壞。對我來說是烏克蘭炸的還是俄羅斯炸的，都不重要。我就是不懂他們在搞什麼。」六十二歲的妮娜說道。她是那棟房子被炸壞的老婦人的妹妹，她最為氣憤，對身邊所有人破口大罵。

瑪格麗塔走向大洞，那裡離他父親家不遠。她的父母離異，但是住在附近。父親現在在烏克蘭軍隊服役，瑪格麗塔也想去前線，但她年紀太小，所以只好負責守護爸爸的房子。這一次什麼事也沒有，但前一天的爆炸——也在五點左右——弄壞了屋頂、窗戶和涼亭。

這位少女已經疲憊到沒有情緒起伏，說話時看著地面，眼淚順著臉龐流下。

「我很擔心我的城市，我希望有東西能留下。」她說。

瑪格麗塔通常在白天睡覺，因為那時比較平靜，這次她成功睡上了十五分鐘才被焦慮感拉回現實。

七十二歲的維克多站在水泵對面，他患有癌症。早上的爆炸把他拉下床。撞擊力道很大，金屬閘門都飛進了院子，建築物前面現在有些小洞。衝擊波把屋頂撞了個洞，扯爛了窗戶，石塊不偏不倚地落在車子的擋風玻璃上。

維克多的妻子、孩子與七歲的孫子也住在這。小孫子很害怕，不敢出去室外，維克多帶我看院子的時候，小男孩害羞地在被碎片打破的窗戶後看著我們。

市政團隊正在清掃斷枝與殘瓦，水泵那邊也在進行拆除工作。根據軍事管理局的消息，水泵無法重建，因此康斯坦丁尼夫卡的街上出現了更多儲水箱，讓居民可以拿自家的桶子來裝水。

要不是衝擊波震落時鐘，讓電池掉出來，維克多可能不知道是幾點開火的；指針停在五點十五分。

「我們會活下去！」他在離開時說，接著便消失在柵欄後面。

六十二歲的瓦倫蒂娜（Valentyna）重複說著「一切都會好起來的」，好似她想要催眠現實。我們交談時，她數度落淚。

瓦倫蒂娜晚上通常會看電視。她會轉到輕鬆的採蘑菇節目，因為她本身非常喜歡採蘑菇，這能讓她保持心情愉快，一躺下就能睡著。

她的日常作息是十一點半就上床睡覺，但是水泵與紅區被砲擊的前一天，她提早半個小時上床。早上醒來時，她躺著等待砲響，但是那時非常安靜，她因此閉上眼睛，很高興沒有任何事情發生，不過嚇人的巨響就在那時傳出。聲音很快停止，因此瓦倫蒂娜在舒適的床上又睡著了。她和她的丈夫都不去走廊，他們把床褥的位置安排得很好，就算窗戶承受不住衝擊，玻璃碎片也不會落在他們身上。

那天的聲音非常大，但第二天火箭彈才真的很靠近。附近建築物遭受攻擊的時間，是所有人都已知的時間區段，爆炸聲和玻璃碎裂的聲音混在一起，有些東西掉在瓦倫蒂娜頭上，她原以為是一小塊窗戶，後來才看到那是她的吊燈。

當時一片黑暗，她無法評估損壞程度。她不想開燈，因為根據當局指示，烏克蘭城市晚間應該保持黑暗，讓敵軍難以定位目標，不過附近的鄰居並沒有遵守指示，因此瓦倫蒂娜最後也開了燈。驚訝地發現原來自己的家還好好的。

只有屋頂有兩個洞，以及柵欄斷裂。瓦倫蒂娜不知道火箭彈到底落在哪，因為他兒子家離爆炸處比較遠，但損壞程度比她嚴重，他的屋頂被打得滿目瘡痍。

我在攻擊的幾個小時後見到瓦倫蒂娜。她背對著被轟擊的房子，根本沒有留意毀損，而是耐心地修剪樹籬。

「我去把它修整好，大家現在都在這打掃，所以我想既然有機會我就做。」她說，「都要感謝花園我才沒有失去理智。」

這天是瓦倫蒂娜孫子的生日。他和父母一起待在康斯坦丁尼夫卡，就住在那棟屋頂滿目瘡痍的房子裡。他們要慶祝生日，準備了土耳其烤肉，而瓦倫蒂娜也保證會開開心心——至少在黎明到來之前。

隨筆 全都不好

德魯日基夫卡附近只剩下一間旅館有營業。建築並不堅固，沒有地下室，再加上位在火車站旁，經常成為俄羅斯的攻擊目標。之所以會有那麼多記者住在這間旅館，主要還是因為沒有什麼選擇。

德魯日基夫卡位在康斯坦丁尼夫卡與克拉馬托爾斯克之間；這兩座城幾乎每天早上都被轟炸。每次爆炸都會把我吵醒，因此我也越來越疲憊，我在想總有一天火箭彈也會擊中這間旅館。

砲擊後一確定受災地點，我們就立刻與合作的攝影師驅車前往。

破曉後才能看清楚破壞的規模。院子裡有一個巨型大洞，這是當天落在克拉馬托爾斯克的其中一枚火箭彈所致，造成二十五個平民受傷。

衝擊波對維多莉亞的公寓造成破壞，兩側窗戶，門、窗框都被打壞，室內的牆壁被拉起，屋內好似被颱風吹過，全都東倒西歪，連承重牆都裂了。

「我們不是軍事機構！這裡沒有什麼設施，旁邊的大樓就只有供暖系統跟壞掉的鍋爐，為什麼要炸我們？」維多莉亞問。

早上她一直都處在憤怒、精神緊繃與恐懼之中。我看到她時，問了個不是太明智的問題：

「一切都好嗎？」

「不，全都不好！我沒了家，女兒、老公都受傷了！」她喊叫。

當她說這些話時，刺耳的警報聲響起。維多莉亞飆罵著政府什麼都沒做，也沒告訴他們該怎麼辦，她坐在房子旁的長椅上，而朋友懷裡抱著一隻受到驚嚇的獅子狗。

「我在這裡長大、生子，自己從零開始規劃這間公寓，投入了許多錢。現在我只剩這個。」維多莉亞指著自己的衣服。

她穿著拖鞋、浴袍以及外套。她把女兒卡琳娜（Karina）帶過來，慢慢脫下她的牛仔外套，給我看女孩身上的傷口。她整隻手纏著繃帶，衣服上都是血，手臂上可見割傷。

居民們正試著挖出私人物品。卡琳娜與母親帶我看損毀的公寓，所有東西都散落其中。「我們這棟大樓的住戶很多。沒有人想離開，但我現在肯定不會留下了。有錢的人都離開了，而我們在等待奇蹟，只是它沒有降臨。」卡琳娜說，「我從來沒有想過這種事會找上我們，在一夕之間無家可歸。」

志願醫生

午夜時分。四十五歲的歐雷娜和小她一歲的丈夫阿爾圖爾（Artur）站在院子前；他們都是夜貓子。她離車庫近一些，而他比較遠。斯洛維揚斯克從六月底以來就沒有自來水，歐雷娜可能是要去外頭如廁，而丈夫站在那把風。他們也有可能就只是在夜晚的寧靜中，聽著偶爾落在城裡的爆炸聲。二月二十四日俄羅斯入侵前，斯洛維揚斯克是頓巴斯地區最大的烏克蘭城市，擁有十一萬居民，現在只剩不到五分之一。

六十八歲的歐維克桑德拉正準備就寢，她是歐雷娜的母親，留著一頭短髮，有著親切的面孔。因為她之前住的地方幾乎成為前線，兩個月前她開始跟女兒與女婿一起生活。雖然歐維克桑德拉的聽力不好，但砲彈聲還是清楚地傳入耳中。她探出窗子看著外頭。

「你起來幹麻？」歐雷娜問，「如果有什麼事我會叫你。」

歐維克桑德拉回到床上，這時傳出巨響，她快速起身。她以為歐雷娜沒有回話，可能是因為自己沒聽見，因此她開始呼喚女兒和女婿。一陣沉默。她走出房子，飛彈就落在建築物前，衝擊波撞壞了車庫、露天廁所和花園。爆炸的威力也弄斷電線，造成停電，要不是車庫裡不久前才買的車開始燃燒，四周會是一片黑暗。歐雷娜之前站的地方全是瓦礫，歐維克桑德拉只看到她的女婿躺在地上。

當他們的鄰居，六十五歲的謝爾蓋聽到爆炸時就知道，這次很嚴重。這已是這幾天內第三次有砲彈在他們的房子附近爆炸，但都只是破片擊中房子，打出幾個洞。他和小她大概二十歲的妻子，以及十二歲的兒子一起待在家。他到外面查看，聽見鄰居的喊叫便立刻往歐維克桑德拉的房子跑過去。

同時，火焰正逼近躺在地上的阿爾圖爾，他感覺很熱，害怕自己會被活活燒死。謝爾蓋把他從火中拉出來，阿爾圖爾痛苦地叫著，他身上有多處受傷，最嚴重的是他的腿，一塊肉掉了。

「忍耐一下。」謝爾蓋在把他移動到安全的地方時告訴他。

接著問道：

「雷娜呢？」

「不在這。」

母親也不知道女兒發生了什麼事，謝爾蓋認為她被炸爛了。最後歐維克桑德拉看到女兒睡袍的一角，她開始大聲呼喊，說歐雷娜被壓在瓦礫下。

當時皮羅霍夫第一志願流動醫院（POSM）的急救隊就在幾公里外。救援人員、醫生、護士、司機和保全身上穿著防彈背心，頭上戴著鋼盔，躲在一棟有堅固牆壁的大樓裡。槍聲、短暫停止、爆炸——這個順序重複了好幾遍，但是每個人都很冷靜，有些人有點太過冷靜，或許是想掩飾自己的情緒。有人在開玩笑，有人跟著手機音樂跳起舞，有的人在聊天。

他們大多都是不久前才到頓巴斯的，到現在都還沒有近距離接觸到戰爭。例如來自基輔的醫生，二十三歲的雅羅斯拉夫（Yaroslav）或是來自蘇梅市，綽號「椰子」的三十四歲醫療急救員。他們從六月底開始每月輪調。

他們接到對講機呼叫，要醫生立刻前往醫院，雅羅斯拉夫和保全匆忙離開大樓。

當時急救員優先將歐雷娜送到醫院，鄰居合力將她從瓦礫堆下救出來，情況很危急，身上有多處傷口，頭骨骨裂。醫生幫忙止血、包紮傷口，因為歐雷娜呼吸困難，還得替她插管。

雅羅斯拉夫照顧她的時候，急救員正把阿爾圖爾送往醫院。他的情況比較好，雖然失血很多，但可以自己呼吸。兩人都很嚴重，但情況穩定。

雅羅斯拉夫在醫院忙了約一個半小時，當他們做完能做的事，就呼叫「椰子」救護隊。他們把兩名傷者從斯洛維揚斯克載到克拉馬托爾斯克，也就是頓涅茨克州的臨時首府，那裡的醫院設備比較齊全。這對夫婦要在那裡動手術。

救援人員「椰子」之前在他的家鄉蘇梅有過許多經驗；這座城市位在烏克蘭北部，在二月二十四日前，有二十五萬六千人。蘇梅是俄羅斯入侵的第一波目標之一，整個地區都捲入戰火，俄羅斯因未取得關鍵性的成功而決定撤退之前，醫療人員都工作滿載。

當他的區域漸漸安全，椰子決定往東邊去。「我們那邊很平靜，因此我的雙手與腦袋在這裡比較有用。」他說。

他申請加入POSM，五天後，他已經身在斯洛維揚斯克，是這裡的急救員，也是這一輪的指揮官。剛開始，每次的爆炸都讓他渾身發抖，現在就算他聽見爆炸的巨響，也不會中斷手邊的工作。他說在壓力下，他的手反而更聽話了。當POSM團隊等待著砲火過去時，他卻平靜如常，把醫療用品分類好。

他的救護隊所執行的是最困難的環節，程序是這樣：將傷者從戰區接出來並送往醫院。依傷者的情況判斷，要送到鄰近的醫院，還是到遠一點設備較好的醫院。在把傷患交給醫生前，還要施予急救措施。

「與平常的生活不同，在這裡沒有時間檢視傷口，而且一切都在全速前進的救護車上進行，在彎道和緊急剎車中做急救。」椰子說，「平常的救援宗旨是做好一切救援工作，讓人健康地活命。而戰場的救援，首要是活命，不會管燒傷的傷口，因為你的目標是止血。」

椰子回憶，有一天晚上他們收到前線撤離點的呼叫，出動了六台救護車，但位子仍不夠。兩個軍事救難人員拉出八個受傷的士兵，把他們塞進自己的車裡，有些傷患痛得大叫，有些人默默在失血，有的人已失去意識。一切都很混亂，而黑暗中只有手電筒的燈光。

「我問把他們送來的救難人員，誰優先，而他們回答，他們得想一想。」椰子回想，「他們從撤離點來我們這邊的路上做了很多工作，得快速處理，後來已經不知道哪個人怎麼了。」

POSM在二〇一四年底，頓巴斯戰爭爆發後幾個月派出第一支救援隊。然而，它的起源可以追溯到基輔獨立廣場的反政府抗議；示威者組成醫療團隊搶救傷患。自二〇一四年武裝行動以來，他們已經派出幾十輪人員到前線，自二月二十四號以來，他們又派出了三輪。

POSM是一個志願者組織，沒有拿任何報酬。「我們只收『謝謝』，不需要更多東西。他們保衛著我們的家人，不讓俄羅斯人踏進我們家園。看到男孩們活著到醫院就夠了，他們的話、笑容和命是最重要的。」椰子說。

POSM沒有拿中央的補助，所有設備都來自海內外的捐贈。烏克蘭很難找到戰術救援裝備，因為需求太大，所有商店的庫存都沒了，因此許多醫療用品的獲取都要感謝國際幫助，包括波蘭、德國、義大利與美國。

椰子的波蘭友人們也幫忙募款、購買需要的東西寄到烏克蘭。他在納梅斯武夫（Namysłów）* 住過五年，一開始在那裡的工廠工作，後來成為大卡車司機，跑過整個歐洲。因為他與納梅斯武夫的緣分，他想把妻子和孩子送去那，直到情勢緩和。

「要不是有這些幫助，我們什麼都不會有。」他說。

醫療用品消耗得很快，POSM的倉庫每一陣子就會開始缺急救用品：止血帶（他們收到許多由善款捐贈的都無法使用，拿起來就散了）、止血貼布、戰術綳帶、減壓針、封閉敷料（用以密封傷口，促進癒合）。也就是說所有為傷患作緊急救援所需的器材都缺，尤其是止血用途的。

救護車因為戰時快速駕駛在不好的路上，因砲擊或事故而損壞，需要不斷修復也是一大挑戰。

俄羅斯發起頓巴斯戰爭時，雅羅斯拉夫十五歲，他那時沒料到，自己有一天會出現在那

* 波蘭奧波萊省的一座城鎮。

一切開始的地方。他想了很久是否要去頓巴斯。俄羅斯人離開基輔後，他覺得自己在其他地方會比待在家有用。他一直等到拿到文憑，兩個星期後就到斯洛維揚斯克。他在這裡是骨科醫生，若有需要他也能勝任高級外科護士的工作。

他之前沒有服過兵役，因此頓巴斯前線的一切對他來說都是前所未聞。他這輩子第一次用鏟子挖戰壕，雖然對他以後沒有什麼用處，但他認為這種經驗很寶貴。「你無法完全適應戰爭，但可怕的是，人的恐懼與生存本能會變遲鈍，最後會忽略防空警報的聲音或爆炸聲。」雅羅斯拉夫說，而我們說話的背景音驗證了他所說的話，因為不遠處的警報正一聲聲地響起。「我們開玩笑說回家後會睡不著，因為太安靜了。」他加上。

雅羅斯拉夫在二月二十四號前求婚了。他想要延後婚禮，但是來到斯洛維揚斯克後，他決定最好別再拖了，因為什麼都有可能發生。他立刻就告訴未婚妻他要去哪裡，但他對父母謊稱自己是去巴甫洛赫拉德（Pavlohrad），這座城市位在頓內茨克隔壁的第聶伯州。

他的父母戳破了他的謊言。父母跟他要醫院的照片，收到照片後，父母上網查，才發現建築物跟他說的地方不一樣。到現在他們都在生他的氣，因為他跑去危險的地方，而且還是做志願服務。

早上，歐維克桑德拉緊握著電話，等待女兒和女婿的消息，無暇理會房子前的廢墟和燒毀的車子。甚至沒注意到鄰居破得亂七八糟的窗戶，以及千瘡百孔的建築物外牆。電氣工正在修復斷掉的電纜，好似什麼也沒發生過。她只擔心孩子的健康狀況，每次提到他們，她都看著阿爾圖爾留下的那灘血跡，忍著淚水。

謝爾蓋與其他鄰居來幫忙，拿扭曲、穿孔的金屬板勉強做了個粗略的圍欄，架在歐維克桑德拉搖搖欲墜的避難處前。

歐雷娜在醫院與死神搏鬥，阿爾圖爾的病情正迅速惡化，克拉馬托爾斯克醫院的醫生決定把他送到第聶伯，那裡有比較多專業醫療設施和專科醫師。男人在路上死了。

第三章　希望

昨日與今日

三月

三十八歲的德米特羅突然從睡夢中驚醒，想查看發生了什麼事。他在樓梯間聞到煙味，因此把衣服弄濕，摀著嘴巴下樓。

他差點到不了。煙霧瀰漫，手電筒的燈光也透不過去，快要窒息。他意識到自己沒辦法再來一次，但家人和貓都還在樓上，而火勢迅速吞沒這棟有十五層樓的建築。消防隊才剛把德米特羅的親人救出來；共有四十八人獲救，五人死亡。

幾個小時後，我問德米特羅是否住在這棟樓裡，他糾正我：

「我曾住在這裡。」

消防隊無法立即撲滅火勢，三點後才成功滅火，因此整棟樓幾乎燒得精光。德米特羅家裡有打包好的撤離背包，但是他沒有拿，因為他以為這不會是最後一次逃出公寓。什麼也沒有的他，現在正看著消防隊員試圖拯救他的家園。究竟是什麼在大樓附近爆炸，目前還不知道，但極有可能是火箭彈。

德米特羅看起來很冷靜。接下來要怎麼辦？他會去親戚家，然後他要加入軍隊；他前陣子就想這麼做，而現在，他更沒有藉口了。

七月

四個月前，這座院子站著一群人，砲火在遠方隆隆響起。四十五歲的柳德米拉很久沒出門上班了，所以她不相信自己眼前所見。她在一家小商店工作，除了可以買些小東西，也可以在那喝咖啡或吃蛋糕。雖然周遭都是高樓，但她認得許多居民的面孔，柳德米拉喜歡和每個人聊天，她很喜歡其中一些人。

因此，沒看到眼前這一切對她來說是最好的。那天公寓居民裹著毯子站在商店旁，很多人就只穿著睡衣，很少人有時間穿上白天的衣物。每個人都非常恐懼、憤怒且傷心；他們畢生的心血都在瞬間被大火吞噬，突然就無家可歸。爆炸後，大火吞噬樓梯間，接著是樓裡一間間公寓。救難隊迅速來到案發現場，花了好幾個小時撲滅火勢，救援人員爬上消防車的梯子，救出部分受困居民。雖然有五人死亡，但其中一名受難者的屍體，在一個月後，警方搜索大樓時才被找到。

這起事件發生的一個半月後，柳德米拉回到工作崗位。她與往常一樣，八點到商店。大樓僅存的燻黑骨架還留在那，她出去抽菸時，眼神沒辦法避開，因為燒毀的大樓幾乎就在商店門口正對面。一開始看到時她覺得很害怕、不想看，因為她會想到焦黑的屍體。

然而工人抵達後，情況很快就改善了。他們幾乎沒休息，持續動工，柳德米拉看到焦油沉積幾乎一夜之間消失，被白色取代。「聲音很大，而且到處都是灰塵，但沒關係，最重要的是重建這棟樓。」她說。

七月初，三月那個清晨的陰鬱氣氛已經消散。許久之前，附近已是綠意盎然，茂密的樹葉稍微遮住整建中的大樓，不過路人的目光還是會被吸引，不時有人抬頭看，或是駐足拍照。附近大樓的住戶還是沒有窗戶，以塑膠膜替代。

柳德米拉工作的商店當時也遭到毀損。衝擊波衝破窗戶，有一些貨物受損，看起來很像龍捲風過境，她和老闆花了幾天時間才讓一切復原。

現在許多居民已經回到這個社區。男人推著嬰兒車，男孩在院子裡跑來跑去，女人遛著狗，兩個男人在柳德米拉的店附近暢飲啤酒。每一陣子就會有人去她店裡，炎熱的日子裡，冰淇淋、冷飲和啤酒最受歡迎。儘管困難重重，但居民讓自己逐漸重回被戰爭奪走的無憂無慮。

兩個男孩跑進店裡，盯著玻璃櫃後的糖果。

「你們要什麼？」柳德米拉開口。

「嗯……」太多選項讓他們難以抉擇，眼神無法從點心上移開。在停頓許久後，其中一個好像開竅了一樣突然喊道：「加倍佳！」

他的朋友沒有錢，顯然不喜歡這個選擇，所以說服朋友買長型的軟糖。

「這個比較大。」他用低沉的聲音說。

價格和棒棒糖一樣。

「買這個！」他強烈說服。

「那我要這個。」有錢的那個對柳德米拉說，並把零錢放在塑膠盤上。

他們開心地跑出店外，沒有注意到整修中的建築。

隨筆　我們造一堵牆

毀壞的俄羅斯軍備品擺放在基輔廣場上，就在聖米迦勒金頂修道院（St. Michael's Golden-Domed Monastery）旁。這裡有燒毀的坦克、砲彈、卡車、私人車輛和火箭彈遺骸。情侶、家庭、朋友，人們來這裡參觀。儘管張貼著「邊緣鋒利」的警告，孩子還是到處跑。

演藝科畢業生，二十三歲的尤莉亞已經來這裡第三次了；每次都是在朋友的慫恿下。「這次是我找她來的。」二十一歲的安娜解釋；她也想當演員。

我問她看著這些殘骸，她感受到什麼。

「憎恨。」她回答。

兩名女子目前都住在基輔，她們都來自蘇梅市，也正是俄羅斯在入侵最初幾小時的首要進攻目標。

她們說自己在俄語環境下長大，多年來都聽俄羅斯音樂，有許多美好的回憶，因此每次聽都會覺得回到當初，但現在她們把播放清單上的俄羅斯歌曲都刪除，只有偶爾因為演算法而不小心放到俄羅斯歌曲。

尤莉亞曾經夢想去聖彼得堡，對她來說，那是一座有創造力的城市，不過現在她把聖彼得堡，以及整個俄羅斯都從她的夢想清單上劃掉。她們兩人說俄語說了很長時間，但現在安娜用俄語只是為了跟父母交談，而他們講俄語也只是因為無法流利地說烏克蘭語。她的父親是俄羅斯人，但當頓巴斯戰爭爆發，便斷了與俄羅斯家族的聯繫。他總是告訴女兒，她雖然不在烏克蘭出生，但她是烏克蘭人。

「這些殘骸提醒著我們，永遠無法原諒。」尤莉亞說。

「很不幸，二〇一四年後我們讓這場戰爭陷入僵局。要是他們沒有謀殺平民、強姦婦女和兒童，或許情況會有所不同，經歷了這些以後，我們心裡只有憤怒，我們不能忘記這些事。」安娜附和。

她們在基輔感到安全，相信烏克蘭軍隊遲早會止住俄羅斯的攻勢。她們希望國家可以切斷和北方鄰國的所有聯繫。

「用邊境、簽證制度和嚴格的控管把我們分開……」安娜夢想著。

「……我們會造一堵牆……」尤莉亞補充。

「……挖一條溝……」

「……放水……」

「……然後完全分開。」

自由歸來

七十四歲的柳柏芙和莉蒂亞（Lidiia）站在街上。莉蒂亞在醫院工作；柳柏芙是老師——從她威嚴的姿態、揹在背後的手以及冷靜的聲音可以看出來。她在當地一間學校教烏克蘭語。

黃昏的光線穿過城市建築與樹木，灑落街道。這裡有許多建築在戰鬥中損毀，柳柏芙和莉蒂亞旁邊那棟燒得精光的建築也不例外。

某些建築上可見題詞：「伊久姆（Izium）——真情之城」。

居民都出來觀看，因為他們仍無法相信自己的家園重回烏克蘭手中；這才是不久前的事。柳柏芙和莉蒂亞站在街上時，俄羅斯人已經四天沒出現在伊久姆了。

「我們的男孩來了，我能感受到他們身上發出的光芒。」柳柏芙說。

一列身著制服的男人在街上行進。在這裡迎接他們的不是偷偷投來的目光，而是笑容、淚水與溫馨的話語。這座城市在二月二十四日，俄羅斯入侵以前有四萬八千個居民，大部分留在這裡的人都等著烏克蘭軍隊回到伊久姆。

伊久姆是烏克蘭九月反攻最具象徵意義的關鍵成果，導致俄軍在幾天內被擊潰，並從哈爾科夫的控制區倉皇逃離。

柳柏芙相信，不只藍黃旗幟回歸，其他東西也是。

「昨天我走過廣場，人們在那裡散步。大家之前都害怕地躲起來，這種事已經大半年沒發生過了。每個人都感覺到變化。」這位退休老師說。

也就是說，自由歸來了。

「我們習慣了自由，去想去的地方，說想說的話，沒人可以剝奪我這項權利。我無法想像在恐懼下過日子。」柳柏芙說。

雖然伊久姆現在看起來像座大戰場，什麼也沒有，人們等待著人道援助，但希望已重新燃起，不久後這裡將再次熱鬧起來。

伊久姆是俄羅斯發動入侵的首要目標之一。這座城市的道路通向頓涅茨克州幾個重要的城鎮，諸如斯洛維揚斯克或克拉馬托爾斯克。三月時伊久姆捲入激烈戰鬥，也因此成為受損最嚴重的地區。

「他們什麼都派了，先是空軍，然後是砲兵，接著是坦克，最後是步兵。」柳柏芙說。

居民的記憶裡，空軍是最糟的。

「最可怕的是夜間砲擊。看不見的飛機在頭上咻咻飛過，投下至少兩百五十公斤的砲彈，連房子都在跳。」六十三歲的攝影師，米可拉說。

「每個人應該都記得飛機。他們瘋狂炸我們，我們坐在地下室裡，不知道飛機會飛去哪。附近有一棟四層樓的房子一開始就被炸掉。」四十二歲的雜貨店老闆，弗拉迪斯瓦夫說。

根據烏克蘭當局，那場攻擊造成四十七人死亡，其中包括兒童。

「我還看到那裡有隻狗嘴裡叼著斷肢跑了。」弗拉迪斯瓦夫加上。

伊久姆被佔領初期，城裡經常有俄國軍人。柳柏芙說他們很有禮貌，沒有製造麻煩，也避免衝突；他們試圖找到共通的語言，希望被當作自己人。

「但都是假的，我們能感覺到。先是轟炸我們，然後又說：『一切都會好的！』」柳柏芙說。

家裡沒了窗戶，很長時間沒有自來水、電，他們得自己想辦法。此地的俄羅斯軍隊很快就被俄羅斯自封的頓涅茨克人民共和國（Donetsk People's Republic）、盧甘斯克人民共和國（Luhansk People's Republic）的武裝部隊，以及俄羅斯聯邦國家近衛軍（National Guard of Russia）給取代，其中還包括惡名昭彰的卡家軍。

分離主義分子和近衛軍來到伊久姆後，對待人民的態度有了巨大的轉變。柳柏芙記得醉醺醺的軍人拖著步槍走在路上。有一次軍人來到她家朝窗戶開槍，根本不管建築物裡有人，人們只好躲起來，等到槍聲停止，他們才出去查看發生了什麼事。那些軍人不過就是心血來潮想開槍而已。

城裡一片混亂，好像沒有人可以抵制出現在伊久姆的各個團體。他們命令居民戴上白色臂章以表示忠誠。

「我沒那麼害怕，我都這個年紀了還怕什麼。我只是覺得屈辱，因為在自己的土地上什麼也不是，還得一直擔心受怕。三月外面還結著霜凍，我去井邊取水。要是沒有帶上『護照』，也就是白色臂章，被他們抓到就完了。」

空商店前有一台溫壓彈發射器，上頭可見俄軍辨認自家武器的淡淡「Z」字，火箭彈隨意堆放。

店門口坐著弗拉迪斯瓦夫，旁邊是他的妻子歐雷娜，以及友人娜迪亞。

他們沒有留意損壞、散落的殘骸和砲彈，沒有注意到砲管上寫著「真主至大」的坦克車；戰火成為他們的日常，所以回到現在的生活對他們來說反倒是很不平凡的事。

弗拉迪斯瓦夫是俄羅斯民族，他在頓涅茨克長大，那裡目前已被佔領。他的父親來自庫班（Kuban），蘇聯末期時在烏克蘭領土上服役，便留了下來。

當俄羅斯士兵告訴弗拉迪斯瓦夫的父親，「你是自己人」的時候，他回答：「對我來說你是佔領者。」

戰爭進入伊久姆的速度太快，弗拉迪斯瓦夫和歐雷娜沒來得及離開。在那之後，他們只能去俄羅斯，再從那裡試圖去更遠的地方。只是弗拉迪斯瓦夫覺得去入侵他家園的國家，根本不是個選項。

「所以我們就留在這，因為這是我們的土地。」他說，「要是有人當我的面說我是『分離者』，在經歷這種生活後，我可是會把法律擺在腦後的。」

「分離者」是對親俄分子的口語說法，特別是來自不被承認的頓涅茨克人民共和國，以及盧甘斯克人民共和國的分離主義分子。

弗拉迪斯瓦夫和歐雷娜的店被俄方闖入八次。主要是來自兩個不被承認的共和國的武裝人員；他們在附近站崗，巡邏這個區域。

弗拉迪斯瓦夫怒火中燒，手裡不斷玩弄著小刀。這對夫婦抱怨，在這六個月裡，毆打、偷竊和搶劫成為常態。

烏克蘭收復此地後，警察在樹林裡發現亂葬崗，埋有超過四百四十人；至今仍未能確定死者身分。

佔領者砸壞弗拉迪斯瓦夫和歐雷娜商店的門和冰箱，就為了喝啤酒。這對夫婦甚至還在年久失修的冷藏庫裡挖出雞和肝臟，那味道至今都還未消散。

「我曾在執法機構工作，進行過搜查，但我這輩子真沒見過這種混亂。」弗拉迪斯瓦夫說。

佔領者還拿走了弗拉迪斯瓦夫的白色Puma棒球帽，他很喜歡這頂去埃及度假時買的帽子。但他知道他還會看到帽子的。一個星期後，他在崗哨看到帽子就載在來自盧甘斯克共和國的武裝分子頭上，他過去把帽子從他頭上摘下來，還罵了他一頓。

弗拉迪斯瓦夫常因為自己的脾氣陷入麻煩。某次，武裝分子在他的商店附近挖了一條壕溝，弗拉迪斯瓦夫在夜裡把它填起來，結果被逮個正著，他們把他關起來毆打，還威脅要閹了他。他們還告訴歐雷娜，隔天會把丈夫還給她，讓她好下葬。

站在頓涅茨克與盧甘斯克不被承認的共和國那邊的烏克蘭人，對伊久姆的居民最反感。

「俄羅斯人討厭我們是事實。但是來自那兩個共和國的人跟我們說：『我們受了八年的苦，現在該你們了。』」弗拉迪斯瓦夫說。

攝影師米可拉失去了他的工作室，以及裡面的相機、鏡頭和燈具。他的工作室被坦克擊中，剩下的東西都被劫走了。入侵之前，他是婚禮攝影師，也拍攝廣告照片。

米可拉自己留在城裡，他的女兒最先離開。五月時，他被拘留一週，手腕還留下疤痕，他因此要妻子也離開伊久姆。

那時是四月底，兩台汽車和一台卡車開到他家門前，二十多個軍人跳下車，還放出無人機察看這一區。他們撂倒鄰居，跑進他家搜索；後來才知道有一位居民指稱米可拉在做土製炸彈。

米可拉不知道鄰居為何要指控他，不排除鄰居是因為受脅迫，畢竟他們之間沒有過節。軍人在他家裡什麼也沒找到。沒收了米可拉的兩隻電話和電腦（後來把電腦還他，但硬碟被拆了）。他被上手銬，頭頂被套上袋子。

至今他仍不清楚自己被帶去了哪，但他清楚地記得他們如何拷打他。審訊時，他們在他的小指纏上鐵絲並通電，問他是否愛俄羅斯；他回答不愛。他們叫他「霍霍爾」*的時候，他糾正他們，他是烏克蘭人。這兩個答案都讓他被狠狠揍一頓。

最後他們放了他。

城裡幾乎什麼動靜也沒有。米可拉說，俄羅斯當局說了很多，但什麼也沒做，家裡就只有電力偶爾恢復一下。他們有分發人道救援的資源給居民，因為除了自己的菜園，他們沒有任何食物來源。

「當局在此採取壓迫手段，除了奔跑、斥喝以外也沒別的了。」米可拉表示。

他覺得俄羅斯人很像來自別的星球。他們對房子裡有洗衣機、冰箱，以及公寓裡有自己的廁所很驚訝。一位俄羅斯人還問他，哪裡可以買錄影帶，米可拉告訴他，錄影帶很難找，因為早就沒有人在用這種東西了。

他看到士兵從別人家拿出女用胸罩和內褲，裝進車裡。

「他們拿所有能拿的東西。」米可拉總結。

幾個月來，基輔當局宣稱烏克蘭軍隊將發起反攻，不過他們說的是南部地區，尤其是與被佔領的克里米亞接壤的赫爾松地區。

然而，烏克蘭於九月六日星期二，對東北部的哈爾科夫地區發動進攻，俄羅斯人完全措手不及。他們的防守被突破，只能匆忙逃離，留下大量車輛、武器和彈藥。

---

* 俄羅斯人對烏克蘭人的蔑稱。烏克蘭語叫楚布（чуб），為哥薩克人歷史上的一種髮型，剃光大部分頭髮，在頭上留一撮成辮或盤起。

根據基輔的消息，俄軍在不到一週的時間內丟掉了八千平方公里的土地。在烏軍進駐前，至少有一萬多人離開前往俄羅斯；部分是之前站在俄方那邊的人。

反攻開始時，俄羅斯在伊久姆實施幾天的宵禁，整天都沒人可以離開家門，這段時間裡，街上從早到晚都是噪音，可以聽見軍隊列隊的聲音。

米可拉說，他看向窗外時，看到一些車子甚至沒了輪胎，火花從鋼圈下迸出，其中一輛坦克上還綁著偷來的洗衣機。

這座城市最後恢復了平靜。

之後的幾個小時裡，沒有任何人來伊久姆。後來米可拉才看到一輛裝步戰車，旁邊列隊的士兵唱著烏克蘭流行歌《草地上的紅莢蒾》（*Oh, the Red Viburnum in the Meadow*）；這首歌成了戰爭之歌。

噢，紅莢蒾在草地上彎下了腰
我們光榮的烏克蘭
為何愁眉不展
我們會把那紅莢蒾扶起

我們要讓光榮的烏克蘭，嘿，嘿
振作起來！

米可拉跟著他們一起唱，要是他再多愁善感一點，肯定會情緒崩潰。人們靠在窗戶上、走到室外，揮手喊著：「嗨，男孩們！」臉上滿是笑容。柳柏芙和娜蒂亞也走到了街上，忍不住眼淚。她們以為自己活不到烏克蘭士兵再次出現在這座城市。

隨筆　少女的夢

距離俄羅斯展開攻擊已經兩個月，伯赫妲娜．赫伍柏再次踏進訓練室。但她並不想進行訓練，她只是為了即將到來的賽事而逼迫自己。這是她第一次沒在練習中找到樂趣，只像是完成例行公事。五月時，她在以色列的歐洲錦標賽摘下金牌。七月，她成為烏克蘭第一位獲得巴西柔術黑帶的資深級選手。不久後她去美國參加四年一次的世界運動會，也就是非奧運體育項目的運動比賽，獲得了銀牌。這是烏克蘭女子巴西柔術史上的第一面獎牌。

不過，這些獎牌沒有帶給她太多喜悅。這次她是為了父母、伴侶和訓練場上無法前來觀戰的朋友們贏得獎牌，因為他們正在為她的國家奮戰，或是為之獻出生命。她為他們每個人感到驕傲，她知道都是因為他們，她才能來參賽，並且有家可以回。她匆匆回到基輔，因為她腦中只掛念著一件事——盡快弄到士兵們拜託的另一批裝備。

伯赫妲娜在獲得體育佳績不久後就去接受軍事訓練，學習武器操作、演練和戰術醫學。目前她還不考慮服役，因為有很多順位優先的男性仍在等待入伍；不過她不排除任何可能。數學其實是她的第二志願，當時她想要申請烏克蘭國家安全學院，只是她不知道一年以前就要先參加軍事資格考試。她為軍事服務著迷，而現在她有機會實現年少時的夢想。

她接受訓練，因為不知道何時會用上。烏克蘭一直處於威脅之中。伯赫妲娜認為如何保護自己、家人和朋友，以及拯救某人的生命是現在生活在基輔必要的知識。

她相信受過軍事教育能讓她更有效地幫助士兵。她想知道要挑選怎麼樣的裝備、誰真的需要，而誰又只是為了耍帥才想要；這樣她就能比之前還更能派上用場。

她正在為下一個賽季做準備；不只是運動。戰爭仍在進行，志願工作就如運動，無法中斷。因此，伯赫妲娜已經在想冬天時要給士兵準備什麼裝備了。

國家支柱

車站上的文字只剩下兩個字母：「ＢＡ」，旁邊有個洞，肯定是被衝擊波撞出來的。月台上空空蕩蕩，有幾節車廂停駐，大概很久前就卡在這裡。俄羅斯入侵烏克蘭，進軍巴拉克利亞（Balakliia）至少已半年，至二月二十四日止，這座位在哈爾科夫州的城鎮約有兩萬七千居民，而現在只剩下極少數。

「我不知道現在這裡有多少人，但是這區的人很少。我住的地方有四十二個人，現在只剩下五到七個，其中有一對夫婦。我們就像還沒滅絕的猛獁象。」六十九歲的米可拉笑道。這位退休警官靠著修電視的微薄收入和退休金過活。

巴拉克利亞這幾個月來都沒電也沒水，而這城鎮大多地區也沒天然氣，居民完全與外界斷聯。在佔領期間，米可拉感覺像住在一片混亂的荒野中。

「我還是不知道誰在這裡，做了些什麼。」他回憶道，「我覺得自己就像在過渡性的房間裡。誰要來就來，要走就走。要是可能，還會從窗戶爬進來。」

那天，米可拉正好在火車站附近，映入眼簾的是不尋常的畫面：一輛上面有烏克蘭國旗的單節車廂火車，塗著藍色與黃色。這種火車之前往返首都基輔與鮑里斯波爾機場（Boryspil International Airport），因為航空停運，烏克蘭國鐵決定把車用在更需要的路線上。

這是幾個月來第一輛抵達巴拉克利亞的載客列車，烏克蘭國鐵的領導層也在車上，三天來他們都在試圖開通進到城市的路線。路線檢查後，定期車班將會運行，哈爾科夫至巴拉克利亞的路線在第二天就有了兩班。

雖然基礎建設毀壞，烏克蘭收復一週後，就已有車班抵達該城市。甚至都還不知道是烏俄哪方管理這座城市，自來水與通訊就已迅速恢復。雖然市長說他不會與俄羅斯合作，但最後還是配合俄羅斯，檢察官因此以叛國罪起訴他。

就這樣，烏克蘭國鐵成為既警察之後，第二個出現在巴拉克利亞的烏克蘭機構。「烏克蘭回到這片土地不只是形式，不只是掛起國旗。我們希望照顧到人民，關心他們的命運，給他們好的交通連接。」客運經理歐維克桑德．佩爾左夫斯基（Oleksandr Percowski）說。

斷裂的牽引系統、毀壞的橋樑、被穿洞的鐵軌和無所不在的地雷都是主要問題，阻礙著哈爾科夫與該地區收復的失土間的鐵路交通。

當波蘭產的Pesa620M小火車第一天開往巴拉克利亞時，在離目的地甚遠處就停了下來。工兵們仍在路線上工作，他們不僅要掃雷，還要掃到軌道外一公尺，以確保安全。

工兵完工後，接手的是修復旅。他們把損壞的部分換新，不過都先做臨時性的，好讓居民可以早點在自己城鎮的火車站看到火車。

第二天，工兵再次登場，烏克蘭國鐵主管歐維克桑德．卡米辛（Oleksandr Kamyshin）親自到場監督。他聽到解除炸藥的爆炸聲，一個小時內有三到四次，最後一次爆炸竟造成兩名工兵死亡。

卡米辛承認，通往巴拉克利亞路上的地雷十分凶險。有些因壓力觸發，有些因震動，還有一些是有人踩到牽引線而引爆；有時牽引線在鐵軌的一邊，而地雷在另一側。

他們在路途中也有各種發現，比如說鐵道旁被俄軍遺棄的陣地。那裡有俄軍睡覺的掩體，散落著食物；還有一個樂高積木四散的射擊區。他們在那裡做什麼？我們大概永遠不會知道。俄羅斯人九月初便從那消失，當時烏軍突破了他們的防線，幾天內大量收復哈爾科夫地區，使得敵人匆忙撤退。

正是因為這些「驚喜」，火車才會沒有事先預告就抵達這座城市。

「我們不喜歡宣告我們還沒做到的事。」卡米辛說。

他們只有在親自抵達城市，確認路線可通行後才會正式將車次納入時刻表。

烏鐵從俄羅斯入侵的第一時間起，在許多面向都至關重要。當烏克蘭各地的城市與村莊遭到轟擊，許多人在最後一刻決定逃離時，他們可以使用免費的撤離交通工具。

受損的基礎設施都立刻獲得維修，很少有中斷超過數小時的情況。卡米辛說，從二月二十四日起，烏克蘭國鐵暫時搭建超過一千座橋與鐵路路段。

「我們不是完美的公司，但是在戰爭期間我們有辦法調動，維持最好的狀態。也就是說紀律、高效管理，以及在自己崗位上的人，他們沒把這當成工作，而是視為他的人生。」佩爾左夫斯基說。

鐵路也是俄羅斯的戰略目標，失去大部分的哈爾科夫地區對俄羅斯來說損失慘重。

「俄羅斯不只透過這些地方支援盧甘斯克地區，也經由頓涅茨克州和扎波羅熱州支援赫爾松地區。現在這個補給鏈被我們中斷了。」卡米辛解釋。

一對夫婦騎著腳踏車往巴拉克利亞車站去。這是七十歲的瓦列里（Valeriy）和妻子哈里娜（Halyna），他們很驚訝火車已經能抵達他們的城鎮。佩爾左夫斯基向他們解釋，橋已經修好了。看到來自烏克蘭國鐵的人，他們的喜悅溢於言表，好似怕來不及說出口：

「烏克蘭回來了！」瓦列里大喊。

「那些人是人渣！」哈里娜加上。

「這裡發生了可怕的事，我的親人死了，後來朋友也死了。」

「烏克蘭人快來時，他們開始猛烈轟擊整座城。」

「她的親人那時正好走出來，就這樣被炸死了。」他們來到火車站是為了和女兒講電話，這附近只有鐵軌上的天橋有訊號；之前俄羅斯人也是來這裡打電話。

瓦列里和哈里娜的女兒逃到波爾塔瓦，與在國家安全學院唸書的孫女在一塊。哈里娜把她穿制服的照片刪掉了，以免被俄羅斯人發現，她怕這會害到她的家人。

「我們家不遠處停了五輛自走砲，不分晝夜地打我們的男孩打了六個月。我們跑去火邊弄食物，弄好又趕快跑回去躲起來。」瓦列里回憶。

他還說，俄羅斯人一開始對他們的態度很有侵略性，他們告訴瓦列里和哈里娜，烏克蘭很快就會消失。他們沒有辦法接觸到外界資訊，所以也不知道是否為真。對於士兵這番話，他們沒有回應。

「我親眼看到他們用膠帶綑住一個女人，在她頭上套袋子，把她抓走。」瓦列里說。

「好像是因為他家裡有人是從軍的。」哈里娜補充。

當巴拉克利亞的情勢沒那麼緊張時，瓦列里與駐紮的俄軍，以及來自不被承認的兩個共和國的烏克蘭公民聊天。

「那些正常的人承認他們受夠了這場戰爭。」瓦列里說。

來自盧甘斯克的武裝分子在找私釀酒，他跟瓦列里抱怨，說他已經七個月沒見到家人了。瓦列里只說：「放下你手裡的步槍，回去找他們，你在這裡做什麼？」那傢伙沒有回應。

這裡的居民也學會忽略佔領的軍隊。佔領者在通往瓦列里和哈里娜家的路上設置崗哨，那裡的士兵問很多問題，居民們都受夠了，所以他們在地上鋪越過軌道的板子，還做出一條自行車小道；在物資缺乏的時候，這是最有效率的交通工具。

雖然現在已經沒有崗哨，時不時還是有人出現在車站。其中一個使用者，七十一歲的弗拉基米爾把腳踏車牽過木板。

「您之前坐過火車嗎？」佩爾左夫斯基和他聊天。

「有，去哈爾科夫，我去了巴拉巴索沃市場（Barabashovo market）。現在鐵路通去哪？」

「就是去哈爾科夫，還有路上其他城鎮。」佩爾左夫斯基解釋，接著問：「城市恢復了嗎？」

「一點點。」

「有吃的嗎？」

「現在有一些麵包，之前什麼都沒有。過去兩個月，我就吃我釣到或抓到的東西，和我的貓一起分享，將就著度日。」

歐維克桑德．佩爾左夫斯基解釋，他們想要展現烏克蘭終於回來了，一切都會回歸原狀。「佔領者帶來了什麼？烏克蘭一回來，就讓他們有了去哈爾科夫的可能。」他說。那裡有醫療團隊，他們可以買東西、去銀行或是使用提款機，還可以探望這幾個月來無法見到的親友們。

佩爾左夫斯基從二月二十四日以來觀察到人們被各種情緒折磨。首先是那些因戰爭離開家園的人，他們突然拋下家園，尋找國外的庇護所，可以看到他們的恐懼與對未來的不確定。烏克蘭中部的情勢穩定下來時，乘客回到自己的家園，那時主要的情緒是充滿希望與喜悅。現在哈爾科夫地區的火車開向留在家鄉的人們，為他們帶來和平生活的希望。

隨筆　你們還好嗎？

中央廣場看起來像被颱風掃過——部分建築物的屋頂毀壞，地面灑滿瓦礫，奇怪的是，大部分的路燈都好好的。被子彈射過的市議會沒了窗戶，上面還掛著海報：「我們與俄羅斯是同一個民族！」建築物後面，詩人塔拉斯．謝甫琴科（Taras Szewczenko）的紀念碑前，火箭彈的遺骸插入地面。

城市的另一頭冒著煙，隔著奧斯科爾河（Oskil）相望。九月初烏克蘭大反攻後，這條河成了哈爾科夫地區的前線，不過不是我身處的這段，是烏克蘭已成功攻入對岸的庫普揚斯克（Kupiansk）。今天是烏軍進城後第五天，奧斯科爾河另一頭的情勢仍然混亂。

現在正好一片寧靜，飛鳥偶爾掠過稍微有雲的天空，我兩次誤以為飛過的是火箭彈。平靜被如雷的砲響劃破，我和一列士兵在街區繞著。

一對夫婦走在中央廣場附近的街上，目測約五十多歲。他們走向士兵阿列克謝（Oleksiy）。

「我們女兒住在橋邊，我們可以去嗎？」男人問。

「我不知道你們能否到達那邊，因為我們現在正在『工作』，他們和我們都是。」阿列克謝回答。

「工作」也就是砲擊。

「去吧，但請非常、非常小心。」士兵補充。

他們離開前，響亮的槍聲響起。如這對夫婦所說，這就是他們生活的景象。爆炸不斷，他們無法入眠，沒有水也沒有電。這裡也沒有訊號，因此他們無法打電話給城市另一邊的女兒，必須鋌而走險，親自去看她是否一切安好。

他們才剛講起自己遇到的問題，另一串槍聲又接連響起。火箭彈咻咻地響，好似一列噴射機飛過。過了不久，爆炸聲再起，之後是一連串小一點的爆炸。

那是集束彈，炸彈會散開，造成大面積殺傷。平民通常是受害者，因此許多國家都簽署公約不使用這些武器，然而烏克蘭、俄羅斯並不在公約內（波蘭也沒有）。

爆炸聲持續了半分鐘，我們趴在地板上喘息，不過女人只是蹲下，臉上掛著苦笑。

他們用肉眼就看出火箭彈飛來，在不遠處落下，而這次我還以為又是一隻鳥。

阿列克謝在對講機上講話。

「你們還好嗎？」同一小隊的瓦西爾（Vasyl）問。

「很糟，糟透了！」

瓦西爾沒回應。

「是我們的人在開槍嗎？」趴在地上的男人帶著希望問阿列克謝。

「誰他媽的會知道。」阿列克謝回答。瓦西爾的聲音再度響起：

「再說一次。」

「幹！糟透了！」

「我們還是別去找女兒好了。」趴在地上的男人對還蹲著的女人說。

「當然不去了。」

「我們往車子那走。」對講機裡傳來別的聲音。

「正在前往。」阿列克謝回答。

沒有人說再見，也沒有問任何問題。我們分頭跑往自己要去的方向。

後記

城市，對哈姆雷特·辛奇夫斯基（Hamlet Zinkivsky）來說就是巨大的工作室，每個角落都能看到他的畫。之前他的畫都在城裡不起眼的角落，現在連街邊也有。

「我希望人們看到城裡不只有毀壞。」哈姆雷特解釋。

他在河邊一棟樓的大門上揮動筆刷，每次刷動都讓藏在蓊鬱樹林後的長椅、鞦韆與垃圾桶越來越清晰。

這天非常熱，因此三十五歲的哈姆雷特把上衣套在頭上，遮住攤在陽光下的頭。他到最後才透露作品的含義——這是他作品中的必要元素。我們身後還有哈姆雷特另外一幅作品，上頭是熾熱的太陽，寫著：「從太陽身上學會永不停歇。」這幅畫獻給志願者，這位藝術家的朋友們。他想呼籲不要放棄，因為他們要繼續堅持直到勝利。烏克蘭人之間有個說法，就是戰爭會持續很久，因此要好好分配力量。這不是短跑，起跑便知分曉，這是一場馬拉松。

直到太陽西下，哈姆雷特在畫下寫道：「生命未曾如此精彩」。他的作品中交織著生活與戰爭，反映出哈爾科夫居民被困在衝突之中，並渴望回到往日生活的心情。

哈姆雷特五月回到這座城市，那時正好平靜了一陣子，城裡的氣氛是居民們在二月底之後就未曾有過的寧靜。火箭彈雨已停止，而烏軍逐漸將俄軍逼退至離哈爾科夫不到四十公里遠的邊境，並向盧甘斯克州推進；俄軍被逼退之後，幾個城鎮的居民立刻就感受到生活的轉變——火箭彈和砲彈轟擊幾乎停止。平靜回到哈爾科夫，但是還不到一個月，俄羅斯又重新佔領幾個地方，砲擊再次成為日常。

哈姆雷特加入「查蒂亞志願軍」，但是他的任務不是打仗，而是畫畫。為了強調他是軍隊的一分子，他穿著印有「查蒂亞」的防彈背心。他在咖啡館與餐廳裡都穿著，只有在畫畫時才會擱在一旁，可以看出他很喜歡展示自己是一分子；或許是安全因素，也或許是因為這樣看起來很棒，畢竟在被攻擊的哈爾科夫，沒有什麼比軍國主義更能樹立形象了。

與作家謝爾蓋．查丹（這個小隊的名稱來源）一樣，哈姆雷特是哈爾科夫最受歡迎的藝術家。起初他懷疑在入侵的日子裡沒有人會需要他的藝術作品，不過他仍聽從指揮官之命。二月二十四日至今，他已經完成了二十多件作品。喜歡這些作品的，不如以往只有普通民眾，現在還多了士兵與警察。他在晝熾熱的太陽時，一輛警車駛近，他以為自己惹上了麻煩，結果他聽到麥克風的聲音：「哈姆雷特，謝謝你的作品。」《生命未曾如此精彩》畫好時，行人紛紛靠近。一個男人想跟他合照；一個女人把手機遞過來，在視訊上給她在利沃夫避難的朋友看她最喜歡的藝術家；男孩請他抽菸並聊了一下，一間俱樂部的老闆還把演唱會的時間延後一小時，讓哈姆雷特可以去聽。

許多居民仍未回到哈爾科夫，雖沒有數據佐證，但是肉眼可見路上車流小，行人也少。哈姆雷特開玩笑說，哈爾科夫藝術家想要的市中心徒步區終於實現。

雖然他希望居民回到這裡，但他知道這不是個理智的想法。於俱樂部旁大門作畫的幾個小時前，火箭彈才落在大學裡，爆炸把他給嚇醒。他最近一次從床上跳起來是三月，那時飛彈撞上州政府大樓。

「人們一直問我，俄羅斯這些攻擊想要表示什麼，我認為他們根本沒有要表示什麼，就只是想壓迫我們，讓我們感到不安，讓烏克蘭人害怕回來。」他說。

許多沒有離開的人，或是很快就回來的人都不是被動以待，每個人都盡力去做自己能做的事。有人加入國土防衛軍或正規軍隊，有人加入志願者行列並幫忙軍隊與平民，運送必要物資。因此哈姆雷特認為，哈爾科夫在戰爭期間是座聖城。

卡特琳娜．佩雷維熱瓦與特蒂亞娜．荷烏波娃的友人，二十八歲的劇場演員博格丹．希涅夫斯基（Bohdan Syniavskyi）戰爭期間都留在哈爾科夫。他在頓巴斯出生長大，到哈爾科夫唸書。他的家鄉於二〇一四年時被分離主義分子佔領。

二月二十四日那天，博格丹與妻子梅莉安（Meriam）去了卡特琳娜常去工作與開編輯會議的咖啡廳——帕庫芙達。房東那時正要離開，把鑰匙留給了他。大樓寬敞的地下室裡有烘焙坊和桌遊店。

這對夫婦留在哈爾科夫，因為祖父尚未從COVID19復原。在戰爭初期的混亂中帶全家離開是個挑戰，再加上未面臨俄羅斯佔領威脅，博格丹不想離開哈爾科夫。

他們把其他人帶到咖啡廳，其中也包括他的前同事；這裡很快成為援助中心。他們在烘焙坊裡烤新鮮的麵包、各種甜點，並與其他食品、來自烏克蘭與國外捐贈的藥物一起分送。這個自發的援助小組開始擴張，很快就形成網絡，為有需要的人取得必要物資、準備物資並運送到指定地址。

博格丹．希涅夫斯基強調，沒有麵包坊就沒有這個團體。

「最初那兩週很難跟人聯絡上，你打給朋友，結果幾個小時前還在城裡的人，現在一個在火車上，另一個在車裡，第三個在徵兵處。人們在短時間內思考各種可能並執行。」他回憶說。

還好處在一個地下室裡讓一切都更容易安排，留下的人動起來並制定最新的計畫，志願者幫忙處理食物的部分。他們會留下一點收到的食物，一開始他因此感到不好意思。「最後我意識到，要是我餓到，那我誰也幫不了。再說我也沒有收入，我也是需要幫助的人。」博格丹說。

一個多月來，沒有任何人想著錢。普通的商店已經關門，那些還有營業的店，賣的幾乎都是昂貴的商品，因為便宜的已經被買光，很少人買得起貨架上的鱘魚或是熟成火腿。

四月時，志願小隊和博格丹一起將活動移往別處。他們每天做到宵禁，然後關在地下室裡度過剩餘的時間，在持續的威脅感下透過酒精尋找慰藉。

那時人潮漸漸回到哈爾科夫，因為情況穩定了下來，城裡不再是空空蕩蕩，有時甚至還有點塞車。某些城鎮恢復交通號誌系統，警察開始抓違法者；之前超過兩個月時間，司機都可以任意行駛。這時油價正值高峰，不知道那些來來回回的車子，汽油箱裡裝的都是些什麼東西。咖啡廳、餐廳以及其他商店陸續開始營業，貨架上擺滿商品。幾乎每個人都從地下室出來，回到家裡；經過幾個星期睡在墊子上的日子，沒什麼東西比自己的床還有吸引力了。

最後，博格丹與妻子也離開了咖啡廳，回到自己的家。店面從九月初重新開始營業，雖然底下仍住了幾個人。

「我們的任務是別死，而我們做到了。」博格丹說，「隨著時間過去，你會習慣戰爭，經歷兩個月在砲擊下的生活，會想出去喝啤酒、散步，或是買支冰淇淋來吃。」

失去了有支薪的工作。劇院關閉，博格丹賴以維生的廣告公司也不例外，就像許多烏克蘭人一樣，他也沒了收入。由於失業，人們仍需要博格丹免費提供的幫助，要是沒有這些幫助，哈爾科夫與周邊地區的居民將會陷入比之前還困難的生活。因此，志願者仍在尋找解決兩難的方法，要同時可以支持他人，而自己卻不用依賴他人的幫助。哈爾科夫就在這樣的情況下回歸生活，博格丹說，只要居民時不時會想起火箭彈隨時可能掉在頭上，哈爾科夫就還不算準備好，也不會準備好。

與此同時，特蒂亞娜．荷烏波娃換了電話號碼，因此終於可以喘口氣。她的工作節奏也有些變化，不再瘋狂衝刺，而是為了長征分配力氣。由於奧勒．卡達諾夫小隊裡的人突然意識到戰爭不會這麼快結束，特蒂亞娜因此將部分時間投入有報酬的工作；她還是得謀生。現在她正在幫位於利沃夫的劇團寫補助申請計畫書。

此外，到二月二十四日前，特蒂亞娜都與打擊假訊息的 Fake X 論壇合作，目前要在哈爾科夫會面尚不可行，因此 Fake X 團隊正在尋求其他管道來安排線上活動。

現在 SzOK 團隊主要在尋求資金以繼續運作，他們向任何可能的機構遞交申請。談到支援士兵，特蒂亞娜·荷烏波娃則承認——如特蒂亞娜·奇米翁所說——現在是更加困難了。他們收到私人、資訊公司或是國外友人的捐助。特蒂亞娜也認為，援助已經不像入侵初期這麼踴躍，當時戰鬥不止發生在烏克蘭南部與東部，還有基輔周邊地區。

「在最初幾個星期或幾個月裡，每個人都在做點什麼，後來逐漸開始減少。我覺得人們無法一直專注在遙遠、對自己沒有直接影響的事情上。」她承認。

只要戰爭不停止，她就不打算停止手上在做的事。

「我們全都面臨同一個問題，那就是『rusnia』在我們的土地上。」特蒂亞娜說。她用的字眼是二月二十四日後，經常用以對俄國人的蔑稱。「要是有什麼可以讓 rusnia 從這裡消失的事，我一定會去做。」

五月中，卡特琳娜·佩雷維熱瓦也回到哈爾科夫。她出生於俄羅斯，但小時候就搬到頓涅茨克。頓巴斯戰爭爆發後，她被迫離開，最後去到哈爾科夫，但立刻就愛上這座城市。她說，搬到哈爾科夫是她人生中最重要的事情。兩年前，她從收容所領養了耳朵尖尖的白色母狗艾拉，這讓她有了安定感，她相信如果戰爭再來的話，她也不是一無所有。

二月二十四日當天，卡特琳娜立刻去到烏克蘭西部的車尼夫契，然而她在那找不到歸屬感，因為一切都讓她想到哈爾科夫；就連叫計程車的應用程式都一直跳出她家的地址。

當哈爾科夫的戰況在五月時平靜下來，她拿上東西就帶著狗回家了。應用程式跳出的地址終於是她真正要去的地方。她還記得艾拉走進家裡的情景。牠在公寓裡聞來聞去，看看週遭環境，在床上躺了一下，又跳上另一張床去。牠知道這個地方，但是需要時間去理解自己到底身在何處，最後牠在公寓裡衝來衝去，搖起尾巴。

「八年來，這是我第一次感覺所有事物都安放妥當，因為我回到了自己家，雖然不是頓巴斯的那個家。」她說。

從入侵到現在，卡特琳娜終於再次可以拍照，記錄下戰爭對這座城市的影響。

「哈爾科夫像一個傷痕累累的人，看著他會讓人覺得痛苦，就算如此，你還是很高興他挺過來了。」她承認。

她深信自己再也不會離開這裡。

幾個星期後，美好的歲月結束。俄羅斯人再次逼近城市，並規律轟炸，不過已不像之前那麼密集。一開始是每天晚上十一點後，後來是清晨四點左右。卡特琳娜不想被爆炸聲驚醒，設定了三點五十五分的鬧鐘，聽到鬧鐘響後，她在床上等著爆炸聲傳來。有些聲音很近，房子都跟著震動。後來轟炸也變得不規律，砲擊在任何時候發生；她毫無準備。那區的所有人都會被爆炸叫醒，可怕的念頭時常縈繞著，使他們無法入眠。這種口徑的火箭彈產生的聲響會確實傳到人們的耳中，令人身心俱疲。

卡特琳娜又再次感到煩躁與焦慮，不想下床。艾拉對砲響的反應也很不好，牠不想去外面而在樓梯間耍賴。某次她成功把牠牽出去，結果沒多久又傳來砲響，使得母狗倉皇衝進大樓裡。卡特琳娜怪自己決定留在這裡，讓動物承受這種壓力，因此兩個月後她又再次離開哈爾科夫，搬到了基輔，她的伴侶所住的地方。

「我很難談起這段日子，我覺得很羞愧，既然其他人可以待下，為什麼我要離開？我是懦夫嗎？我覺得我背叛了他們。」卡特琳娜承認。

直到朋友安慰她，告訴她在這種情況下有不好的感受、無法應對並不是壞事。能適應這種情況的才是例外。

儘管哈爾科夫地區成功反攻，但俄羅斯的火箭彈仍落在哈爾科夫，不過頻率比之前低了些。他們在隨機的時間點破壞戰略目標和民宅，造成更多人犧牲。雖然最受威脅的仍是位在邊境與前線的城市，但這仍是許多烏克蘭城市的共同日常，因此卡特琳娜繼續留在基輔。雖然如此，她與她的同胞們仍希望戰爭可以早日結束，希望烏克蘭取得勝利。卡特琳娜相信，既然她能成功回家一次，就會有第二次，她相信自己能再次沉浸在這座對她意義非凡的城市裡，重新感到喜悅。

致謝

首先，我想感謝那些抽出時間和我談話，以及幫忙我與他們聯繫的人。漢娜・索科洛娃（Hanna Sokołowa）、帕烏爾・斯特赫（Pawło Stech）、卡特琳娜・佩雷維熱瓦、特蒂亞娜・荷烏波娃、博格丹・希涅夫斯基、梅莉安・喬爾、伯赫妲娜・赫伍柏、米哈伊維娜・斯柯瑞克、特蒂亞娜・奇米翁、尤莉亞（不願透露姓氏的那位）、「椰子」以及我在途中遇到的許多人。

感謝他們的陪伴，才有這部作品。最困難的初期，有彼得・安德魯西耶奇科（Piotr Andrusieczko）和特蒂亞娜・科扎克（Tetiana Kozak）給我支持與幫助。感謝有安德烈・庫欽科（Andrij Kucenko），讓我能在烏克蘭安全地移動。我與馬切伊・斯塔尼克（Maciej Stanik）在頓巴斯和哈爾科夫合作多次。馬欽・蘇德（Marcin Suder）是我在烏東工作時的好夥伴。沒有娜斯蒂亞・斯坦科（Nastia Stanko），很多地方我都到不了；她是我認識的意志最堅定的人。古利維拉・克拉加（Gullivera Cragga）的好客與熱心總是令我感動。

也感謝：伊萬・安德魯斯琴科（Ihor Andruszczenko）、克莉絲蒂娜・貝爾丁斯基（Kristina Berdinskich）、帕維爾・尤羅夫（Paweł Jurow）、莉莉亞・蒙蒂安（Lilia Muntian）、米可拉・米哈爾琴科（Mykoła Mychalczenko）、謝德烈・諾維茨基（Jędrzej Nowicki）、科蘭・帕斯蒂克（Kolan Pastyk）、阿隆娜・薩夫丘克（Alona Sawczuk）、特蒂亞娜・西尼烏伊娜（Tetiana Siniuhina）、阿莉娜・斯穆特科（Alina Smutko）、安納托利・斯特潘諾夫（Anatolij Stepanow）、瑪里茨卡・瓦倫尼科娃（Mariczka Warennikowa）。

感謝拉赫瓦爾（Rachwał）一家：尤莉亞、克里斯帝安（Krystian）、克里斯蒂娜（Krystyna）、克日什托夫（Krzysztof）、托馬什（Tomasz）提供避風港，並在旅途期間，以及在車站、邊境等待的時候提供幫助。

在世界分崩離析的時候，知道有人可以依靠實屬難得。如果沒有《全面週刊》的支持，我要報導這場戰爭將會更加困難且更有壓力，尤其感謝雅茨克・斯魯薩爾奇克（Jacek Ślusarczyk）、阿列克桑德・卡爾迪什（Aleksander Kardyś）、沃伊切赫・皮恩恰克（Wojciech Pięciak）、格拉蕊娜・馬卡拉（Grażyna Makara）、馬欽・日瓦（Marcin Żyła）。也感謝網站團隊：艾薇琳娜・布爾達（Ewelina Burda）、克日什托夫・斯托里（Krzysztof Story）、米哈烏・庫茲明斯基（Michał Kuźmiński）和莫妮卡・歐赫多夫斯卡（Monika Ochędowska），他們在深夜裡等待我的文章。

波德合作基金會的獎學金是另一個促成這本書的重要幫助，讓我能夠專注於工作而不必擔心財務問題。

感謝Foksal出版集團的團隊，尤其是埃爾茲別塔・卡利諾夫斯卡（Elżbieta Kalinowska）、多蘿塔・茲維日霍夫斯卡（Dorota Zwierzchowska）、漢娜・特魯比茨卡（Hanna Trubicka），在短時間內完成大量工作，讓這本書得以出版。當然，所有書中的不足之處，都應由我承擔。

感謝克莉夏・拉赫瓦爾（Krysia Rachwał）在這艱辛的幾個月裡支持著我。

註釋

1 Manisha Ganguly, Joe Inwood, *Ukraine war: What weapon killed 50 people in station attack?*, BBC, https://www.bbc.com/news/61079356, dostęp: 12.10.2022.

2 *Możlywosti ta pereszkodzy na szlachu demokratycznoho perechodu Ukrajiny, National Democratic Institute*, https://www.kiis.com.ua/materials/pr/20220920_o/August%202022_wartime%20survey%20Public%20fin%20UKR.pdf, dostęp: 13.10.2022.

3 Timothy Snyder, *O tyranii. Dwadzieścia lekcji z dwudziestego wieku*, przeł. B. Pietrzyk, Wydawnictwo Znak Horyzont, Kraków 2017, s. 70.

4 Por. Prezydent Ukrajiny – pro posylennia oboronozdatnosti derżawy, https://www.youtube.com/watch?v=T8Gazh3lz8Y, dostęp: 12.10.2022.

5 一九九〇年花崗岩革命期間，獨立廣場名為十月革命廣場。

6 由於去共產化，該市自二〇一六年起叫做第聶伯。

7 媒體網站Luk (https://lyuk.media).

8 標題取自《烏克蘭真理報》(Ukraińska prawda)。我重寫了一些部分。

9 Anna Sokołowa, Modulnyj gorodok w Charkowie: fotoreportaż, „MediaPort”, https://www.mediaport.ua/modulnyy-gorodok-v-harkove-fotoreportazh, dostęp: 10.10.2022.

10 Por. Marija Sołodownik, Prymiszczennia modułnoho misteczka u Charkowi neprydatni dla prożywannia – Ofis Ombudsmana, „Suspilne Nowyny", https://suspilne.media/174402-primisenna-modulnogo-mistecka-u-harkovi-nepridatni-dla-prozivanna-ofis-ombudsmana/, dostęp: 10.10.2022.

11 *Obraszczenije Prezydenta Rossijskoj Federacii*, Kremlin.ru, http://kremlin.ru/events/president/news/67843, dostęp: 18.10.2022.

12 Profil Wołodymyra Zełenskiego na Instagramie, https://www.instagram.com/p/CaWNHYRFL8T/, dostęp: 10.10.2022.

13 Ołeksandr Kołesniczenko, U Kłyczka porachuwały kilkist awtomobi liw u Kyjewi, „Ekonomiczna Prawda", https://www.epravda.com.ua/ news/2022/02/11/682305/, dostęp: 14.10.2022.

14 Heneralnyj Sztab ZSU / General Staff of the Armed Forces of Ukraine, Facebook, https://www.facebook.com/GeneralStaff.ua/posts/258784753101277, dostęp: 10.10.2022.

15 二〇一五年底，烏克蘭民兵隊被警察取代。

16 Ołeh Czernysz, Nawczalna trywoha. W jakomu stani bomboschowyszcza Kyjewa i czy hotowa stołycia do wijny, RBK-Ukrajina, https://www.rbc.ua/ukr/news/uchebnaya-trevoga-kakom-sostoyanii-bomboubezhishcha-1643041904.html, dostęp: 12.10.2022.

17 Mój obchód po kijowskich schronach opisywałem pod koniec stycznia 2022 roku. Por. Paweł Pieniążek, *U nas spokój, Rosjanie nie wejdą. Reportaż z kijowskich schronów przeciwbombowych*, OKO.press, https://oko.press/u-nas-spokoj-rosjanie-nie-wejda-reportaz-z-kijowskich-schronow-przeciwbombowych/, dostęp: 15.10.2022.

18 伯赫妲娜．赫伍柏首先以私訊發送。三月初時將信公開在自己的Instagram上。此處引用的內容為改編。

19 Jewhenija Nakoneczna, Hołowa Nacpoliciji: 1200 tił ukrajinciw szczene identyfikowani, „Deutsche Welle", https://www.dw.com/uk/holova-natspolitsii-1200-til-zahyblykh-ukraintsiv-shche-ne-identyfikovani/a-62113193, dostęp: 10.10.2022.

20 Ołeksandr Kulbacznyj, U Charkowi okupanty znyszczyły 15% żytłowych budynkiw, 76 szkił ta likaren, „Forbes", https://forbes.ua/news/u-kharkovi-okupanti-znishchili-15-zhitlovikh-budinkiv-76-shkil-ta-16-likaren-mer-31032022-5203, dostęp:

15.10.2022.

21 Sofija Cwietkowa, Mistofortecia: jak narodywsia lohotyp «Charkiw – zalizobeton», „Mediaport", https://www.mediaport.ua/misto-fortecya-yak-narodivsya-logotip-harkiv-zalizobeton, dostęp: 10.10.2022.

22 Armija i obszczestwo na fonie specialnoj wojennoj operacii, Wsierossij- skij centr izuczennija obszczestwiennogo mnienija, https://wciom.ru/analytical-reviews/analiticheskii-obzor/armija-i-obshchestvo-na-fone-specialnoi-voennoi-operacii, dostęp: 10.10.2022.

23 Zob. Inflacijnyj zwit. ypen 2022 roku, Nacionałnyj bank Ukrajiny, s. 29, 48; Ałeksandr Biełous, Tretyna ukrajinciw bez roboty: koły pokra szczytsia sytuacija na rynku praci, RBK-Ukrajina, https://www.rbc.ua/ukr/news/tret-ukraintsev-raboty-uluchshitsya-situatsiya-1659181686.html, dostęp: 12.10.2022.

戰火下我們依然喝咖啡：烏克蘭人的抵抗故事

Opór. Ukraińcy wobec rosyjskiej inwazji

作者——帕維爾・皮涅日克（Paweł Pieniążek）
譯者——鄭凱庭
執行長——陳蕙慧
副總編輯——洪仕翰
責任編輯——林立恆
行銷總監——陳雅雯
行銷——趙鴻祐、張偉豪
封面設計——盧卡斯工作室
排版——宸遠彩藝

出版——衛城出版／左岸文化事業有限公司
發行——遠足文化事業股份有限公司（讀書共和國出版集團）
地址——二三一四一 新北市新店區民權路一〇八－三號八樓
電話——〇二－二二一八一四一七
傳真——〇二－二二一八〇七二七
客服專線——〇八〇〇－二二一〇二九
法律顧問——華洋法律事務所 蘇文生律師
印刷——呈靖彩藝有限公司
初版——二〇二三年十一月
定價——四五〇元

ISBN 978-626-7376-07-2（紙本）
978-626-7376-08-9（PDF）
978-626-7376-09-6（EPUB）

歡迎團體訂購，另有優惠，請洽 02-22181417，分機 1124

Opór. Ukraińcy wobec rosyjskiej inwazji, 1 edition
By Paweł Pieniążek/ 9788383183527

Published by arrangements with Grupa Wydawnicza Foksal

ACRO POLIS 衛城
EMAIL acropolismde@gmail.com
FACEBOOK www.facebook.com/acrolispublish

國家圖書館出版品預行編目資料

戰火下我們依然喝咖啡：烏克蘭人的抵抗故事 / 帕維爾．皮涅日克(Paweł Pieniążek) 著；鄭凱庭譯. -- 初版. -- 新北市：衛城出版，左岸文化事業有限公司出版：遠足文化事業股份有限公司發行，2023.11
面；　公分. --（Beyond ; 54）
譯自：Opór : Ukraińcy wobec rosyjskiej inwazji.
ISBN　978-626-7376-07-2（平裝）

1. CST: 俄烏戰爭　2. CST: 報導文學

542.2　　112016764